Stolberg

Geschichte der Homöopathie
in Bayern (1800-1914)

Quellen und Studien zur Homöopathiegeschichte,
herausgegeben vom Institut für Geschichte der Medizin der Robert Bosch Stiftung
Leiter: Prof. Dr. phil. Robert Jütte

Die Drucklegung erfolgte mit finanzieller Unterstützung der Robert Bosch Stiftung GmbH, Stuttgart

Geschichte der Homöopathie in Bayern (1800-1914)

Von Dr. med. Dr. phil. Michael Stolberg

Mit 12 Abbildungen

Karl F. Haug Verlag · Heidelberg

Die Deutsche Bibliothek – CIP-Einheitsaufnahme

Stolberg, Michael:
Geschichte der Homöopathie in Bayern (1800-1914) / von Michael Stolberg. – Heidelberg : Haug, 1999
  (Quellen und Studien zur Homöopathiegeschichte ; Bd. 5)
  ISBN 3-8304-7025-8

© 1999 Karl F. Haug Verlag, MVH Medizinverlage Heidelberg GmbH & Co. KG

Das Werk ist urheberrechtlich geschützt. Nachdruck, Übersetzung, Entnahme von Abbildungen, Wiedergabe auf photomechanischem oder ähnlichem Wege, Speicherung in DV-Systemen oder auf elektronischen Datenträgern sowie die Bereitstellung der Inhalte im Internet oder anderen Kommunikationsdiensten ist ohne vorherige schriftliche Genehmigung des Verlages auch bei nur auszugsweiser Verwertung strafbar.
Die Ratschläge und Empfehlungen dieses Buches wurden von Autor und Verlag nach bestem Wissen und Gewissen erarbeitet und sorgfältig geprüft. Dennoch kann eine Garantie nicht übernommen werden. Eine Haftung des Autors, des Verlages oder seiner Beauftragten für Personen-, Sach- oder Vermögensschäden ist ausgeschlossen.
Sofern in diesem Buch eingetragenen Warenzeichen, Handelsnamen und Gebrauchsnamen verwendet werden, auch wenn diese nicht als solche gekennzeichnet sind, gelten die entsprechenden Schutzbestimmungen.

ISBN 3-8304-7025-8

Satz: Strassner ComputerSatz, 69181 Leimen
Herstellung: Laub GmbH + Co., 74834 Elztal-Dallau

Inhalt

1	**Einleitung**	9
2	**Anfänge (1796-1837)**	13
2.1	Das Münchner homöopathische Choleraspital	22
3	**Unter Druck (1837-1848)**	29
4	**Professionalisierung und Institutionalisierung (1848-1870)**	37
4.1	Homöopathie und Medizinalreform	37
4.2	Die Verbreitung der Homöopathie im Spiegel der Statistik (1854)	41
4.3	Homöopathische Interessenpolitik	42
4.4	Der Fortgang des Dispensierstreits	45
4.5	Gesundheitspolitische Mitsprache	47
4.6	Die Lehrstuhlfrage	48
4.7	Die zweite Münchner homöopathische Heilanstalt	51
4.8	Innere Spannungen	56
5	**Auf dem Weg ins 20. Jahrhundert (1870-1914)**	59
5.1	Auseinandersetzungen mit der „Schulmedizin"	60
5.2	Die dritte Münchner homöopathische Heilanstalt	63
5.3	Der Aufschwung der Laienhomöopathie	66
5.4	Homöopathische Laienvereine	72
6	**Die Anziehungskraft der Homöopathie**	75
6.1	Professionelle Heilkundige	77
6.2	Exkurs: Die homöopathische Klientel	81
6.3	Gebildete Laien	85
6.4	Homöopathie und bayerische Romantik	87
6.5	Homöopathie und „Volksmedizin"	94
7	**Schluß**	99
8	**Quellen- und Literaturverzeichnis**	105
8.1	Archivalien	105
8.2	Gedruckte Literatur	106
9	**Personen- und Sachverzeichnis**	127

Abb. 1: Quelle: Wellcome Institute Library, London

1 Einleitung

Die wissenschaftliche Medizin, wie sie an den Universitäten gelehrt und von der großen Mehrzahl der Ärzte ausgeübt wurde, machte im Laufe des 19. Jahrhunderts einen tiefgreifenden Wandel durch. Auf eine Phase verwirrender Theorienvielfalt und der Desillusionierung mit den überkommenen Behandlungsverfahren folgte etwa seit der Jahrhundertmitte eine Zeit der Konsolidierung auf der Grundlage naturwissenschaftlich-experimenteller und statistischer Methoden. Parallel dazu schritten jene Entwicklungen fort, die wir heute schlagwortartig unter dem Begriff „Medikalisierung" zusammenfassen: Die akademisch gebildeten Ärzte, zu Beginn des Jahrhunderts nur eine kleine Minderheit unter den Heilkundigen, konnten ihre Medizin als nahezu alleinverbindlich durchsetzen und sich entscheidenden Einfluß in der staatlichen Gesundheitspolitik und ein fast unangefochtenes Monopol in der medizinischen Versorgung der Bevölkerung sichern.

Das 19. Jahrhundert war freilich auch eine Zeit, die – in dieser Form ein Novum in der Geschichte der abendländischen Heilkunde – eine Reihe „alternativmedizinischer" Systeme und mit diesen verbundener medikaler Subkulturen hervorbrachte. Es waren Systeme, die sich, anders als die allmählich in den Hintergrund gedrängte „Volksmedizin", im erklärten, ausdrücklichen Gegensatz zur herrschenden Lehrmeinung konstituierten, sich personell und institutionell von der offiziellen Universitätsmedizin abgrenzten und zumindest von Teilen der Bevölkerung im eigentlichen Sinne als „alternatives" Erklärungs- und Behandlungsangebot zu dieser wahrgenommen wurden.[1] Die Vielfalt derartiger neuer, „alternativer" Theorien und Verfahren war beachtlich und umfaßte, um nur die wichtigsten Strömungen zu nennen, unter anderem Mesmerismus, Homöopathie, Rademachersche Erfahrungsheillehre, Baunscheidtismus, Elektrohomöopathie sowie Wasser- und Naturheilkunde.

Dem damals wie heute neben der Naturheilkunde erfolgreichsten dieser neuen alternativen Heilsysteme ist die vorliegende Untersuchung gewidmet: der Homöopathie. Ihre Geschichte ist von der professionellen Medizingeschichtsschreibung lange Zeit vernachlässigt worden.[2] Erst in den letzten Jahren ist mit dem Vordringen einer stärker historisierenden, relativierenden und kontextualisierenden Sichtweise in der Medizinhistoriographie auch das Interesse an Erklärungsmodellen und Behandlungsverfahren gewachsen, die sich nur schwer in eine als geradlinig gedachte Entwicklungsgeschichte der modernen Medizin

---

[1] Ob man Phänomene wie den Paracelsismus des 16. und 17. Jahrhunderts oder gar die Entstehung konkurrierender medizinischer Schulen in der Antike bereits mit dem Begriff „Alternativmedizin" belegen will, ist selbstverständlich letztlich eine Frage der Definition.

[2] Die Homöopathiegeschichtsschreibung war bis vor wenigen Jahren nahezu ausschließliche Domäne historisch interessierter und teilweise persönlich in die zeitgenössische Auseinandersetzung involvierter Homöopathen (vgl. die Werke von Kleinert 1836, Müller 1837, Ameke 1884, Haehl [1929] und 1930, Tischner 1932-1939).

1 Einleitung

einordnen lassen oder gar im Gegensatz zu dieser stehen.[3] Während die theoretische Entwicklung der Homöopathie immerhin schon eine recht differenzierte Bearbeitung erfahren hat, hat die eingehendere Erforschung der Sozial- und Kulturgeschichte der Homöopathie freilich gerade erst angefangen. Erste Arbeiten liegen vor, neue Fragestellungen und Forschungsansätze sind eröffnet.[4] Aber unser Wissen, etwa über den konkreten Alltag der Homöopathen und ihrer Patienten unter unterschiedlichen sozialen und politischen Rahmenbedingungen, über das Wirken homöopathischer Laienbehandler oder auch über die Strategien homöopathischer Interessenpolitik und das Wirken der homöopathischen Ärzte- und Laienvereine, ist bisher noch recht bruchstückhaft.

In Anbetracht der Forschungslage scheint es somit sinnvoll, sich zunächst auf die Erforschung der Verhältnisse und Entwicklungen in klar definierten geographischen und politischen Räumen zu konzentrieren. Dies erlaubt es, die bisher stark vernachlässigte archivalische Überlieferung umfassend mit einzubeziehen und aufzuarbeiten. Zugleich bietet der regionalhistorische Ansatz die Voraussetzungen, um den jeweiligen kulturellen und politischen Kontext in den Blick zu fassen und den gesellschaftlichen und politischen Strukturen und Kräften nachzugehen, die fördernd oder hemmend auf die Verbreitung der Homöopathie in Medizin und Gesellschaft einwirken.

Die vorliegende Darstellung ist der Geschichte der Homöopathie im Königreich Bayern gewidmet. Damit verfolgt sie ein doppeltes Ziel. Zum einen soll

---

[3] Aus rein praktischen Erwägungen heraus werden im folgenden die Begriffe „allopathisch" und „Allopathie" für jene „offizielle" Medizin verwendet, die an den Universitäten gelehrt und von der großen Mehrheit der Ärzte vertreten wurde und wird. Führende Vertreter der zeitgenössischen „mainstream"-Medizin betonten jedoch mit gewissem Recht, daß die Begriffe „Allopathie" und „allopathisch" ihren Konzepten und Behandlungsverfahren nicht gerecht würden. Die Begriffe sind als Gegenbegriffe zu „homöopathisch" und „Homöopathie" konstruiert, wären aber nur dann angemessen, wenn beide Formen der Heilkunde sich innerhalb des gleichen Paradigmas bewegten, wenn die „Allopathen" sich in der Wahl ihrer Arzneimittel also ebenfalls von den einzelnen Symptomen leiten ließen, dann aber jeweils Mittel gäben, die am Gesunden „andersartige" (griechisch „alloios") Symptome erzeugten. Die meisten „allopathischen" Arzneimittel weisen diese Eigenschaft zwar tatsächlich auf, doch war dies nicht das Auswahlkriterium und zeitgenössische Homöopathen und Allopathen verwiesen mit Georg Friedrich Stahl zudem auf die Bedeutung des „Simile"-Prinzips auch in der herrschenden Medizin, etwa auf die Behandlung von Erfrierungen durch Kälte oder von Säureverätzungen mit Säure.
Der naheliegende alternative Begriff „Schulmedizin" spiegelt wiederum nicht den zeitgenössischen Begriffsgebrauch wider: Er entstand erst Ende des 19. Jahrhunderts als Kampfbegriff in der Auseinandersetzung zwischen Homöopathie und Naturheilkunde auf der einen und herrschender Universitätsmedizin auf der anderen Seite (vgl. Wölfing 1974). Vor allem aber vermittelt er den Eindruck einer Einheitlichkeit und inneren Geschlossenheit, wie sie die in sich höchst heterogene und in stetigem Wandel begriffene Universitätsmedizin erst im Laufe des 19. Jahrhunderts gewann.

[4] Vgl. insbesondere Kaufman 1971; Nicholls 1988; Faure 1990; Gijswijt-Hofstra 1993; Woodward/Jütte (Hrsg.) 1995; Dinges (Hrsg.), Weltgeschichte 1996; Jütte 1996, S. 179-220; Jütte u. a. (Hrsg.) 1998; für die Erforschung der Geschichte der Homöopathie in Deutschland bildet das Institut für Geschichte der Medizin der Robert Bosch Stiftung in Stuttgart mit seinen umfangreichen homöopathiegeschichtlichen Beständen einen fruchtbaren Kristallisationspunkt (vgl. Meyer 1986, Wolff 1985 und 1989, Eppenich 1995; Dinges (Hrsg.), Homöopathie 1996; Jütte 1996).

ein bemerkenswertes Forschungsdefizit behoben werden. Obwohl Bayern der größte deutsche Mittelstaat und eines der bedeutendsten Zentren der frühen Homöopathie war, sind die dortigen Entwicklungen bisher noch wenig erforscht.[5] Zum anderen bietet die verhältnismäßig gute Quellenüberlieferung in Bayern die notwendige Voraussetzung dafür, auch den Bestimmungsfaktoren nachzugehen, die die Ausbreitungsdynamik der Homöopathie bestimmten, und dabei Hypothesen zu formulieren, die in vergleichenden Untersuchungen des Geschehens in anderen Regionen zu erhärten oder zu widerlegen wären.

Zeitlich umfaßt die Untersuchung eine Spanne von gut 100 Jahren, von 1800 bis 1914. Die Darstellung ist zunächst chronologisch angeordnet und den einzelnen Phasen der Ausbreitung der Homöopathie gewidmet, ohne daß mit den jeweils angegebenen Jahreszahlen klare zeitliche Zäsuren behauptet werden sollen. Der Leser erfährt hier vom ersten Durchbruch der Homöopathie in Bayern in den 1820er und 1830er Jahren und von der „Blütezeit" um die Jahrhundertmitte, als sich eine wachsende Zahl von Ärzten der Homöopathie zuwandte. Die Hintergründe der Einrichtung der ersten deutschen Honorarprofessur für Homöopathie und die wechselhafte Geschichte der Münchner homöopathischen Heilanstalt werden geschildert. Der chronologische Teil schließt mit der Darstellung des allmählichen Bedeutungsverlusts der Homöopathie etwa seit den 1870er Jahren und des gescheiterten Aufbaus einer laienhomöopathischen Vereinsbewegung. Die Entwicklungen nach dem Ersten Weltkrieg und das Wiedererstarken der Homöopathie, das sich in jüngster Zeit unter gänzlich neuen politischen und gesellschaftlichen Voraussetzungen in Bayern ähnlich wie im übrigen Deutschland beobachten läßt, werden nicht mehr behandelt.

Den gesamten Untersuchungszeitraum in den Blick nehmend, wendet sich die Darstellung sodann den Beweggründen zu, aus denen heraus sich Ärzte, gebildete Laien und Menschen aus der einfachen Bevölkerung im 19. Jahrhundert für die Homöopathie begeisterten und den Faktoren, die einer solchen Begeisterung entgegenstanden. In diesem Zusammenhang wird zugleich die soziale Zusammensetzung der homöopathischen Klientel geprüft. Den Verbindungen zwischen Homöopathie und bayerischer Romantik wird nachgegangen, die Rudolf Tischner schon vor mehr als 50 Jahren für die besonders ausgeprägte und anhaltende Durchsetzungskraft der Homöopathie in Bayern verantwortlich machte. Aber auch das Spannungsverhältnis zwischen der Homöopathie und der „volksmedizinischen" Kultur der breiten, insbesondere ländlichen Bevölkerung wird skizziert.

---

5 Erste Ergebnisse meiner Forschungen stellt Stolberg 1995 vor. Den bis dahin ausführlichsten Überblick vor allem über die Entwicklungen in der bayerischen Hauptstadt gab Braun 1976; s. dazu auch den Rückblick des „Vereins für specifische Heilkunde": „Zur Geschichte der Homöopathie in München" in der AHZ 55 (1858) 12-14, S. 22f, 38f und 44f; zu den wichtigsten Vertretern der bayerischen Homöopathie vgl. Tischner 1932-39, S. 501-506, mit teilweise fehlerhaften Hinweisen auf die sonstige Entwicklung; s.a. Kleinert 1836, S. 324-326; Rapou 1847, Bd. 2, S. 343-391.

1 Einleitung

Die Darstellung schließt mit einer Zusammenfassung der wichtigsten Ergebnisse und dem Versuch einer vergleichenden Wertung des Schicksals der bayerischen Homöopathie im Verhältnis zu dem in anderen Staaten.

Als wichtigste archivalische Quellengrundlage diente eine Sammlung von homöopathiebezogenen Schriftstücken und verwaltungsinternen Dokumenten im Bayerischen Hauptstaatsarchiv in München. Sie wird ergänzt durch weitere Unterlagen im Staatsarchiv München (zu Isarkreis bzw. Oberbayern), im Archiv der Ludwig-Maximilians-Universität München und im Hahnemann-Archiv der Robert Bosch Stiftung in Stuttgart. Unter dem gedruckten Schrifttum erwies sich vor allem die systematische Durchsicht der umfangreichen zeitgenössischen homöopathischen Publizistik mit ihren zahlreichen, wenn auch zuweilen widersprüchlichen Berichten und Kurznachrichten als fruchtbar.

Danken möchte ich an dieser Stelle all jenen Einrichtungen und Personen, die mich in meiner Arbeit unterstützt und mir den Zugang zu ihren Buch- und Archivbeständen eröffnet, unveröffentlichte Manuskripte zur Verfügung gestellt und wertvolle Hinweise gegeben haben, insbesondere Robert Jütte und Martin Dinges vom Institut für Geschichte der Medizin der Robert Bosch Stiftung in Stuttgart sowie dem Leiter und der Bibliothekarin des Münchner Krankenhauses für Naturheilweisen.

2 Anfänge (1796-1837)

Als Samuel Hahnemann vor ziemlich genau 200 Jahren mit seinem „neuen Princip zur Auffindung der Heilkräfte der Arzneisubstanzen" an die wissenschaftliche Öffentlichkeit trat, ahnte wohl kaum einer seiner Leser, daß der angesehene Arzt und Pharmakologe auf dem besten Wege war, ein umfassendes neues medizinisches System zu formulieren, das zur wichtigsten methodologischen und inhaltlichen Herausforderung der herrschenden Universitätsmedizin im 19. Jahrhundert werden sollte. Das „neue Princip" präsentierte sich zunächst vorsichtig im Kleide eines bloßen Verfahrens zur Erforschung der Arzneimittelwirkungen:

> „Jedes wirksame Arzneimittel erregt im menschlichen Körper eine Art von eigner Krankheit, eine desto eigenthümlichere, ausgezeichnetere und heftigere Krankheit, je wirksamer die Arznei ist. [...] Man ahme der (sic) Natur nach, welche zuweilen eine chronische Krankheit durch eine andre hinzukommende heilt, und wende in der zu heilenden (vorzüglich chronischen) Krankheit dasjenige Arzneimittel an, welches eine andre, möglichst ähnliche künstliche Krankheit zu erregen im Stande ist, und jene wird geheilet werden; Similia similibus."[6]

In wenigen Sätzen formulierte Hahnemann hier bereits die wesentlichen Grundlagen der homöopathischen Heilkunde, die er schließlich in seinem „Organon der rationellen Heilkunde" von 1810 erstmals umfassend zur Diskussion stellen sollte.[7] Danach galt es, die einzelnen Arzneistoffe zunächst sorgfältig und in kleinen Dosen am gesunden Menschen auf ihre Fähigkeit hin zu überprüfen, künstliche Krankheiten zu erzeugen.[8] Auf dieser Grundlage konnten sie dann gezielt bei natürlichen Krankheitsfällen mit einer möglichst ähnlichen Symptomatik eingesetzt werden, in der Annahme, daß auf diese Weise die Lebenskraft, die Selbstheilungskräfte des Körpers gegen die Krankheit optimal angeregt würden. Dieses Vorgehen stand in einem diametralen Gegensatz zu den vorherrschenden, von ganz anderen Vorannahmen über die Krankheitsursachen bestimmten Behandlungsverfahren der herkömmlichen Medizin, die mit der alles überragenden therapeutischen Trias von Aderlaß, Brech- und Abführmitteln versuchte, entweder einen mutmaßlichen Krankheitsstoff aus dem Körper zu entfernen oder nach dem Prinzip des „contraria contrariis" ein gestörtes Gleichgewicht der Säfte, der Elementarqualitäten oder des inneren Erregungszustands wiederherzustellen.

---

[6] Hahnemann 1796, S. 433.
[7] Hahnemann 1810.
[8] Die Forderung nach einer Arzneimittelprüfung am Gesunden wurde schon bald von vielen Homöopathen dahingehend erweitert, daß Erfahrungen am Krankenbett wenigstens ergänzend heranzuziehen seien (vgl. beispielsweise Widnmann 1823, S. 25; Schroen 1834).

2 Anfänge (1796-1837)

Abb. 2: Portrait Samuel Hahnemann
(Quelle: Privatbesitz Dr. Schmeer, München)

Wesentlich erweitert und ergänzt wurde dieses Grundgerüst später vor allem durch das Potenzierungsprinzip. Aufgrund seiner Versuche gelangte Hahnemann zu der Annahme, daß die Wirkung der Arzneien mit wachsender Verdünnung nicht etwa ab-, sondern weiter zunehme, dank der Befreiung der dynamischen Wirkkräfte von ihrer materiellen Hülle. Dieses Prinzip der Potenzierung wurde und wird freilich von vielen Homöopathen – im Gegensatz zur Gabe kleiner Mengen – nicht geteilt. Eine zweite grundlegende Erweiterung nahm Hahnemann zudem in der ebenfalls umstrittenen Lehre von der Entstehung der chronischen Krankheiten vor, die er im Rahmen seiner „Psora"-Lehre zum größten Teil auf die Unterdrückung einer Krätzeerkrankung zurückführte.

Die Resonanz auf Hahnemanns Veröffentlichungen in der übrigen Ärzteschaft beschränkte sich zunächst auf vereinzelte Rezensionen und überwiegend ablehnende Erwähnungen im zeitgenössischen medizinischen Schrifttum.[9] Erst allmählich, vor allem in den Jahren nach 1815, erregte seine Lehre vermehrte Aufmerksamkeit. Berichte von überraschenden Heilerfolgen Hahnemanns und seiner Schüler machten die Runde und fanden in der Publikumspresse ihren

---

[9] Leschinsky-Mehrl 1988, S. 14-17; Wittern 1992.

Niederschlag. Die Homöopathie wurde zum Begriff, zum Gesprächsthema. Nicht zuletzt unter dem Eindruck des wachsenden Echos, das die Homöopathie in hohen und höchsten Gesellschaftskreisen fand, begannen auch Ärzte fern von Leipzig beziehungsweise Köthen, wo Hahnemann seinen Aufenthalt genommen hatte, allein auf der Grundlage der homöopathischen Schriften und ohne unmittelbare, persönliche Bekanntschaft mit Hahnemann, die neue Lehre genauer zu prüfen und eigene Heilversuche anzustellen. Erste umfassende Kritiken wurden veröffentlicht[10], und vereinzelt äußerten nun auch erfahrene Ärzte zumindest gewisse Sympathien für die Homöopathie oder wandten sich ihr gänzlich zu. Ihre Schriften, etwa Gottlieb Raus Buch „Über den Wert des homöopathischen Heilverfahrens" (1824) oder Heinrich Messerschmidts wohlwollender Erfahrungsbericht in dem verbreiteten „Journal der practischen Arzneykunde und Wundarzneykunst" (1826), trugen besonders dazu bei, die wissenschaftliche Seriosität der Homöopathie zu unterstreichen und bewegten manchen Arzt überhaupt erst dazu, die Homöopathie als ernsthafte Alternative zu den herrschenden Erklärungsmodellen und Behandlungsverfahren in Erwägung zu ziehen.[11]

In Bayern lassen sich erste Ansätze einer ernsthaften, wissenschaftlichen Beschäftigung mit der Homöopathie schon verhältnismäßig frühzeitig nachweisen. In Erlangen, wo Hahnemann im Jahr 1779 promoviert worden war, setzten sich Christian Friedrich Harless und sein Schüler Johann Baptist Kranzfelder in den ersten Jahren des 19. Jahrhunderts wohlwollend-kritisch mit der Homöopathie auseinander.[12] Erste praktische Versuche mit der Homöopathie scheint um 1815 Franz Seraph Widnmann (1765-1848) in Eichstätt gemacht zu haben. Widnmann war früher Hofmedikus und Medizinalrat und später Leibarzt des Herzogs von Leuchtenberg.[13]

Ganz allmählich und zunächst nur sehr vereinzelt wandten sich in den 1820er Jahren weitere bayerische Ärzte der Homöopathie zu. Joseph Reubel (1779-1852), 1826 Privatdozent und 1832 Professor für Physiologie an der Münchner Universität, soll sich nach 20jähriger allopathischer Tätigkeit seit etwa 1821 mit der Homöopathie beschäftigt haben.[14] Seit 1822 bekannte sich in Nürnberg der Stadtgerichtsarzt Karl Preu (1774-1832) zur Homöopathie. 1825 bot er bereits gemeinsam mit seinem jungen Kollegen Johann Jacob Reuter (1799-1862) öffentlich die Dienste eines privaten „homöopathischen Instituts" an.[15] Beider Namen sind später vor allem im Zusammenhang mit der homöopathischen

---

10 Bischoff 1819; Puchelt 1819.
11 Rau 1824; Messerschmidt 1826; s.a. Wolff 1827.
12 Tischner 1932-39, S. 120 und S. 403-408; Kranzfelder 1812.
13 Widnmann 1828, besonders S. 16; AZH 1 (1848), S. 52f (Nachruf); Grießelich 1832, S. 79; s.a. Widnmann 1823 und 1841.
14 1851 hieß es von Reubel, er übe die Homöopathie seit 30 Jahren, nachdem er zuvor 20 Jahre lang allopathisch therapiert habe (HStAM MInn 61966, Gesuch vom 20.12.1851).
15 Rapou 1847, S. 389; Schreiben von Wilhelm F. von Hoven vom 20.12.1825, wiedergegeben in AZB 2 (1835), S. 196, zu einer Annonce Preus und Reuters im Nürnberger Intelligenzblatt; Preu hatte Hahnemann schon in frühen Jahren besucht; auch zwei seiner Briefe an Hahnemann aus dem Jahr 1832 sind überliefert (HA 341 und 342); zur Biographie Preus s. AHH 13 (1833), S. 114-119.

2 Anfänge (1796-1837)

Behandlung des Kaspar Hauser bekannt geworden.[16] In Würzburg war, ebenfalls seit Mitte der 1820er Jahre, Chr. Ohlhauth homöopathisch tätig.

Etwa von 1830 an stieß die Homöopathie in Bayern unter Ärzten und Laien auf deutlich verstärkte Resonanz. Eine wachsende Zahl von homöopathischen Ärzten auch in kleineren Städten wird nun aktenkundig. Bereits 1833 sah sich das Innenministerium veranlaßt, Daten für eine gesamtbayerische Aufstellung über das „Umsichgreifen besonderer medizinischer Systeme insbesondere Umsichgreifen der Homöopathie" zu sammeln. Dieser Aufstellung zufolge zählte man damals immerhin schon 18 aktive Homöopathen in 13 bayerischen Städten, wobei noch mindestens ein weiterer, Friedrich Mosthaff in Dirmstein, übersehen wurde.[17]

Von besonderer Bedeutung für die weitere Entwicklung der bayerischen Homöopathie war es, daß sie nunmehr auch auf beachtlichen Rückhalt in der Staatsverwaltung zählen konnte. Am Münchner Allgemeinen Krankenhaus unternahm um 1830 Johann Nepomuk Ringseis (1785-1880), als Medizinalreferent beim Innenministerium der mächtigste Mann im bayerischen Gesundheitswesen, eigene homöopathische Heilversuche und ließ weitere von seinen Assistenten Joseph Attomyr (1807-1856) und Friedrich Mosthaff (geb. 1802) durchführen. Ringseis bildete auch Vergleichs- und Kontrollgruppen, die mit herkömmlichen Verfahren oder nur diätetisch behandelt wurden. Es war nach heutigem Wissensstand die erste vergleichende Studie dieser Art in der Geschichte der Homöopathie.[18] Ringseis richtete auch eine eigene homöopathische Krankenhaus-

---

[16] Preu, Findling 1831; vgl. Portwich 1996.
[17] HStAM MInn 15403, Aufstellung des Innenministeriums, basierend auf den Berichten der Kreisregierungen für die Zeit von 1830 bis 1833. Die betreffenden Ärzte seien hier namentlich mit großteils aus anderen Quellen gewonnenen Vornamen, hauptsächlichem/n Wirkort/en und, soweit eruierbar, den Lebensdaten angeführt, auch um angesichts der schwierigen Quellenlage späteren Untersuchern ggf. eine Ergänzung oder Korrektur anhand weiterer, mir möglicherweise entgangener Hinweise zu ermöglichen:
Franz Seraph Widnmann (Eichstätt/München 1765-1848); Joseph Reubel (München 1779-1852); Chr. Ohlhauth (Würzburg ca. 1798-ca. 1852); Johann J. Reuter (Nürnberg 1799-1863?); G.W. Reichel (Hof 1797-ca. 1862); L. Kunstmann (Hof 1794-ca. 1862); Johann J. Roth (München 1804-1859); Dr. Schaffner (Wegscheid); A. Kolb (Augsburg 1804-?); Dr. Blumlein (Mainbernheim); Karl? Dapping (Franckenthal/Zweibrücken?); Friedrich L. Fleischmann (Erlangen/Dillingen 1806-?); K(amille?) Meuth (Zweibrücken); Schwab (Germersheim); Lang (Münchberg); Friedrich Schroen (Hof 1801-?). Zwei weitere Ärzte im Rheinkreis werden ohne Namensnennung erwähnt; gemeint sind möglicherweise Friedrich Pauli (Landau 1806-?) und Johannes Löchner (Dürkheim).
Übersehen wurde Friedrich Mosthaff (Dirmstein/München 1802-?); möglicherweise wirkte zudem auch Ph. Jakob Kolb (Augsburg 1774-1845), Vater des oben erwähnten A. Kolb als Homöopath; ein Nekrolog von J.B. Buchner in der AHZ 28 (1845), S. 286f deutet dies jedenfalls an.
Karl S. Preu (Nürnberg 1774-1832) war 1833 bereits verstorben; ein Dr. Schwarz in Schwabach soll von seiner früheren homöopathischen Tätigkeit zu diesem Zeitpunkt schon wieder Abstand genommen haben.
[18] Die Ergebnisse sind nur unvollständig überliefert. Selbst die ausgewählten Fallgeschichten des Homöopathieanhängers Attomyr lassen aber mittelbar einen eher ungünstigen Versuchsverlauf vermuten, führt Attomyr doch gleichsam entschuldigend eine ganze Reihe von Begleitumständen im Münchner Krankenhaus an, die den strengen Anforderungen einer homöopathischen Therapie nicht genügt hätten (Attomyr 1832; Solbrig 1835, S. 55f.; StAM RA

apotheke ein[19], aber zum gänzlich überzeugten Anhänger der Homöopathie wurde er nie. Er berichtete zwar von manchem „überraschend glänzenden und zweifellosen Erfolg" bei eigenen homöopathischen Behandlungsversuchen, aber auch von völligen Fehlschlägen, und er wehrte sich gegen den homöopathischen Alleinvertretungsanspruch auf medizinische Wahrheit, mit dem das gesicherte Wissen einer jahrtausendealten Lehre über den Haufen geworfen werde.[20] Wie noch deutlich werden wird, war Ringseis dennoch jahrzehntelang eine der wichtigsten Stützen der bayerischen Homöopathie in der politischen Auseinandersetzung, bis er sich schließlich zunehmend desillusioniert und durch die Angriffe der Homöopathen gekränkt gänzlich von ihr abwandte.

Johann Joseph Roth (1804-1859), 1829 in München mit einer elektrophysiologischen Arbeit habilitiert[21], begann bald darauf, die Homöopathie erstmals in vollem Umfang an der Münchner Universität zu lehren. Vom Sommer 1831 an kündigte er regelmäßig jedes Semester homöopathische Vorlesungen an und konnte anfangs nach eigenem Bekunden „einen kleinen Kreis von Zuhörern" um sich scharen.[22] 1832 reiste er auf Staatskosten nach Böhmen, um dort die Erfolge der homöopathischen Therapie der Cholera zu beobachten und eigene Behandlungsversuche zu unternehmen. Seine Erfahrungen veröffentlichte er anschließend.[23] Durch den jungen Privatdozenten und Prosektor Friedrich Ludwig Fleischmann (geb. 1806) war die Homöopathie bald darauf auch an der Erlanger Universität vertreten. Er las 1834/35 über die „Wirkungsart der homöopathischen Heilmittel".[24]

Auf politischer Ebene konnten die Homöopathen einen wichtigen Erfolg im Kampf um die Selbstdispensation erzielen. Dabei ging es um das von den Homöopathen beanspruchte Recht, ihre Mittel eigenhändig zuzubereiten und an ihre Patienten abzugeben, einen der wichtigsten Streitpunkte zwischen Allopathen und Homöopathen. Ähnlich wie in anderen Staaten war in Bayern die Abgabe von Medikamenten durch Ärzte grundsätzlich verboten. Eine Ausnahme galt nur an Orten, die mehr als zwei Wegstunden von der nächsten Apotheke entfernt lagen. Die meisten Homöopathen wollten sich jedoch dem Können und der Gewissenhaftigkeit eines allopathischen Apothekers nicht anvertrauen und dispensierten auch in den größeren Städten selbst. Indem sie die Mittel unentgeltlich abgaben, mochten die bayerischen Homöopathen glauben, die

---

15523, Schreiben der Direktion des Allgemeinen Krankenhauses vom 4.2.1838; s.a. Stolberg, Homöopathie auf dem Prüfstein 1996). Die gelegentlich geäußerte Behauptung, Attomyr sei der eigentliche Initiator der Versuche gewesen (z.B. Rapou 1847, S. 344), wird von diesem selbst widerlegt, denn er berichtet, Ringseis habe bereits vor seiner Ankunft entsprechende Versuche gemacht (Attomyr 1831, S. 100); zu Attomyr vgl. Sander/Wittern 1983; Schmiedeberg 1929, S. 38-49.
19 StA Obb RA 15523, Schreiben der Direktion des Allgemeinen Krankenhauses vom 4.2.1838.
20 Vgl. Ringseis 1889, S. 21f und S. 43.
21 Roth 1829.
22 Roth 1832.
23 Busse 1978, S. 113f; AHZ 4 (1834), S. 336; UAM Senat E II 278, Schreiben des Innenministeriums vom 24.3.1832; Roth 1833.
24 AHZ 3 (1834), S. 112.

gesetzlichen Bestimmungen umgehen zu können. Doch die Behörden blieben hart. 1831 wurde Reubel unter Hinweis auf die bestehenden Verordnungen ausdrücklich auch die kostenlose Abgabe von Medikamenten untersagt. 1834 verbot die Münchner Polizeidirektion Roth nicht nur das eigenhändige Dispensieren von Medikamenten, sondern beschlagnahmte obendrein seine Vorräte.[25]

An diesem Punkt kam jedoch die entscheidende Wende. Ringseis stellte sich als Medizinalreferent beim Innenministerium nach einer Beschwerde Roths auf dessen Seite. Das Verbot des Selbstdispensierens durch homöopathische Ärzte, so meinte er, habe in anderen Staaten ohnehin nicht das gewünschte Ergebnis gezeigt. Man könne Ärzten und Publikum nicht zumuten, die Fertigung der homöopathischen Mittel den gewöhnlichen Apothekern anzuvertrauen, jenem Berufsstand also, der doch durch die Ausbreitung der preiswerteren homöopathischen Behandlung am meisten verliere. Homöopathische Arzneien müßten entweder vom Arzt selbst bereitet werden, oder von einem ausschließlich auf homöopathische Mittel spezialisierten Apotheker.[26]

Mit dem noch weiter gehenden Hinweis, daß „die Homöopathie in allen civilisirten Staaten längst in die Rechte eines von einem Theile der Aerzte und des Publicums getheilten, von einem anderen Theile bestrittenen, förmlichen Heilsystems getreten ist," ließ daraufhin im Juli 1834 das Innenministerium die Münchner Polizeidirektion anweisen, Roths Arzneien umgehend zurückzugeben. Und mehr noch: sämtliche Homöopathen durften in Zukunft selbständig homöopathische Mittel abgeben. Einzige Bedingung war, daß dies unentgeltlich geschah und der Arzt über die abgegebenen Mittel ein Tagebuch führte; die Behandlung sollte bei einem ungünstigen Verlauf nachvollziehbar bleiben.[27] Mit einigem Recht konnten die bayerischen Homöopathen vor diesem Hintergrund später auf die offizielle Anerkennung verweisen, die ihnen der bayerische Staat 1834 habe zuteil werden lassen.

Angespornt nicht zuletzt durch den gegnerischen Erfolg begannen sich die Widerstände allopathischer Ärzte und Apotheker gegen die Homöopathie in diesen Jahren auch auf der Ebene der inhaltlich-theoretischen Auseinandersetzung stärker zu formieren. Der Arzt und inhaftierte Wortführer der bayerischen Liberalen, Gottfried Eisenmann, tat sich mit polemischen Schriften gegen die Homöopathie hervor.[28] In Nürnberg entbrannte Mitte der 1830er Jahre gar eine heftige Auseinandersetzung, die auch die örtliche Bürgerschaft miteinbezog. Der dortige Medizinalrat Friedrich Wilhelm von Hoven hatte unter dem Pseudonym „Dr. Wahrhold" die Homöopathie öffentlich als eine Medizin angeprangert, die „auf den Unverstand und die Leichtgläubigkeit der Menschen berechnet" sei. Er forderte eine praktische Überprüfung ihrer Erfolge und staatliche Maßnah-

---

[25] HStAM MInn 61963, Schreiben der Polizeidirektion München vom 28.7.1834, bestätigt durch Schreiben der Regierung des Isarkreises vom 9.10.1834.
[26] HStAM MInn 61963, Memorandum vom 24.11.1834; Hervorhebung im Original.
[27] Döllinger 1838, S. 48f, Schreiben vom 30.11.1834 an die Regierung des Isarkreises mit Nachricht an die übrigen Kreisregierungen.
[28] Eisenmann 1836 und 1838; s.a. Dieterich 1833.

men, falls die Versuche erwartungsgemäß ungünstig ausfielen.[29] Ein Krieg der Pamphlete entflammte.[30] Selbst die vielgelesene, in Nürnberg herausgegebene „Allgemeine Zeitung von und für Bayern" machte sich daran, ihre Leser in einer Artikelserie unter Anführung zahlreicher Originalzitate aus Hahnemanns Werken vor dem „sträflichen Unfug", der „Thorheit oder Gaukelei" der Homöopathie zu warnen.[31]

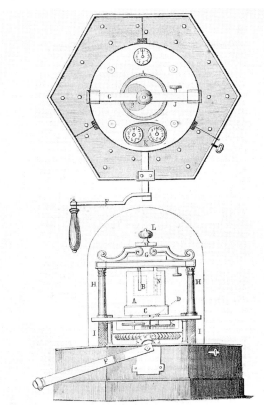

Abb. 3: Maschine zum Zermahlen von Substanzen für die Herstellung von homöopathischen Wirkstoffen, Mitte 19. Jahrhundert (Quelle: Benoît Mure, Doctrine de l'école de Rio Janeiro et pathogénésie brésilienne. Paris 1848, S. 35)

Auf dem Höhepunkt der Auseinandersetzung versammelten sich rund 130 Bürger im Nürnberger Gasthaus „Zum rothen Hahn", um in einem öffentlichen Versuch die Unwirksamkeit hochpotenzierter Kochsalzlösung zu beweisen. Der Nürnberger Homöopath Reuter hatte seine Gegner zu einem derartigen Versuch aufgefordert, der die von ihnen bezweifelte Wirksamkeit der hochverdünnten homöopathischen Mittel beweisen werde. Er hatte gewettet, daß sie nach Ein-

---

[29] Wahrhold 1834; von Hoven 1840, S. 273f und S. 347.
[30] Reuter 1835; Löhner, Kochsalzversuche 1835; Lochner 1835; Solbrig 1835; Philodelphy 1835.
[31] Löhner, Wesen und Treiben 1835.

2 Anfänge (1796-1837)

nahme der Lösung „etwas Ungewöhnliches darauf fühlen werden auch ohne Glauben."[32] Daraufhin hatte man sich eine recht differenzierte Versuchsanordnung ausgedacht. Zwei Apothekergehilfen stellten aus gereinigtem Salz und destilliertem Schneewasser eine 30fach potenzierte Kochsalzlösung her. 100 gründlich gesäuberte Gläser wurden durchnumeriert, gut gemischt und auf zwei Tische verteilt. Die eine Hälfte füllte man mit der homöopathischen Lösung, die andere mit reinem destillierten Schneewasser. Nachdem ein Verzeichnis der Gläschen mit ihrem jeweiligen Inhalt angefertigt und versiegelt worden war, durchmischte man die Gläschen nochmals gründlich. Jeder Teilnehmer empfing dann von der Versuchsleitung ein Gläschen, das mit Nummer und Empfängername in ein zweites Verzeichnis eingetragen wurde. Weder die Teilnehmer noch die Versuchsleiter wußten somit, wer welche Art von Gläschen erhalten hatte, doch blieb die Verteilung später mit Hilfe der versiegelten Verzeichnisse nachvollziehbar.

Reuter konnte sich in seinem Vertrauen auf die Wirksamkeit der hochpotenzierten Kochsalzlösung auf die höchste homöopathische Autorität berufen. Hahnemann selbst hatte ihr eine derart intensive Wirkung zugeschrieben, daß mitunter bereits das bloße Riechen an befeuchteten Streukügelchen über 15 bis 20 Tage nachwirke.[33] Die überwältigende Mehrheit der rund 50 aktiven Versuchsteilnehmer gab freilich bei der folgenden Zusammenkunft zwei Wochen später an, keinerlei ungewöhnliche Veränderungen an sich bemerkt zu haben.[34] Von homöopathischer Seite war die Aussagekraft solch „roher Prüfung" andererseits schon zuvor bestritten worden. Man verwies unter anderem auf den unberechenbaren Einfluß kleinster Fremdstoffmengen in der Luft, mokierte sich über den dichten Tabakqualm, der in dem Lokal herrschte, und bezweifelte, daß die Teilnehmer die nötige strenge homöopathische Diät eingehalten hätten.[35]

Das Ergebnis des Versuchs bekräftigte somit beide Seiten lediglich in ihren Überzeugungen. Neue Erkenntnisse für die heutigen Debatten wirft er schon gar nicht ab. Die historische Bedeutung dieses Geschehens liegt jedoch woanders. Bemerkenswert ist zunächst der eben skizzierte Versuchsaufbau. Man sprach damals von einem Wirtshausspaß, doch im Rückblick erweist sich die Versuchsanordnung als geradezu revolutionär: Sie trägt alle Merkmale eines randomisierten Doppelblindversuchs, in dem weder die Organisatoren noch der jeweilige Proband wußten, ob ein Fläschchen mit homöopathischem Wirkstoff oder bloßes destilliertes Wasser abgegeben worden war. Ausdrücklich unterstrich der Abschlußbericht des Homöopathiegegners Löhner die Bedeutung dieses Prinzips: Es gelte, „alles zu vermeiden, was die einzelnen Versuchspersonen den Empfang bestimmt homöopathisch arzneilicher oder bestimmt unarzneilicher Versuchsgaben vermuthen lassen könnte. Selbst die Anfertiger und Vertheiler der Dosen dürfen, wie bei unserm Versuche, nicht erfahren, was dieser oder jener

---

[32] Reuter 1835, S. 12; vgl. Stolberg, Homöopathie auf dem Prüfstein 1996.
[33] Hahnemann 1830, S. 270-334.
[34] Löhner, Kochsalzversuche 1835, S. 19-23.
[35] BAVL, Abt. Literatur 3 (1835), S. 159-161, Rezension von Lochner 1835.

erhalten hat."³⁶ Doch Löhners Ermunterung zu weiteren Versuchen dieser Art fand kein Echo. Andernfalls hätte der Kampf gegen die Homöopathie womöglich auch der Therapievalidierung in der Allopathie wesentliche Impulse vermitteln können.³⁷

Der Versuch wirft zudem ein bezeichnendes Licht auf den Verlauf der Frontlinien in den zeitgenössischen Debatten um die Homöopathie in Bayern. Allopathische Apotheker spielten im Kampf gegen die Homöopathie im allgemeinen wie im konkreten Versuchsverlauf eine herausragende Rolle und machten öffentlich gegen die Homöopathie Front.³⁸ Die allopathischen Ärzte dagegen hielten sich, von wenigen Ausnahmen wie Eisenmann und von Hoven abgesehen, eher im Hintergrund. Zu dieser Zurückhaltung dürfte die anerkannte Stellung von Widnmann und Reubel und vor allem der schützende Einfluß des mächtigen Ringseis einiges beigetragen haben. An der Münchner Universität wurden sogar mehrere erklärte Homöopathen promoviert, so 1831 Franz Melicher und der schon erwähnte Attomyr; beide hatten zuvor aufgrund ihrer homöopathischen Neigungen Wien verlassen müssen.³⁹ Wenig später konnten Benedikt Osterrieder und Aloys Schwarz ihre unverhohlen homöopathisch inspirierten Doktorthesen erfolgreich verteidigen. Unter anderem unterstrichen sie dabei den rationalen Systemcharakter der Homöopathie, bestritten die an den Universitäten allgemein anerkannte Notwendigkeit von Aderlässen bei Entzündungskrankheiten und scheuten nicht einmal davor zurück, die Grundthese der Homöopathie vorzutragen: „Per similia morbi fiunt, et per similia curantur."⁴⁰

Nicht zuletzt verweist die ansehnliche Beteiligung an dem Nürnberger Versuch auf das beachtliche Interesse, das die Homöopathie mittlerweile in der Bevölkerung gewonnen hatte, auch wenn sich in Nürnberg vermutlich vorwiegend ihre Gegner versammelten. Der Bekanntheitsgrad der Homöopathie wuchs. Günstige Krankheitsverläufe unter homöopathischer Behandlung, wie die überraschende Besserung der schwerkranken Fürstin von Thurn und Taxis wurden über den vielgelesenen „Bayerischen Landboten" und andere Publikumszeitschriften verbreitet.⁴¹ Die bayerischen Homöopathen konnten auf die tatkräftige Un-

---

36 Löhner, Kochsalzversuche 1835, S. 24.
37 Klinische Doppelblindversuche – im Gegensatz zur Untersuchung von Medikamentenwirkungen am Gesunden – riefen allerdings damals noch erhebliche ethisch begründete Widerstände hervor und ihrer praktischen Durchführbarkeit waren schon durch die große Bedeutung von Aderlaß sowie Brech- und Abführmitteln enge Grenzen gesetzt, deren Anwendung beziehungsweise Gabe dem Patienten schwerlich zu verhehlen war.
38 Zur Rolle der Apotheker im Versuchsverlauf s. AA 2 (1835), H. 2, S. 60-63.
39 AHZ 52 (1856), S. 33-36, Nachruf auf J. Attomyr. Attomyr war später einer der bekanntesten ungarischen Homöopathen; seine Münchner Dissertation ist nicht überliefert und wurde wahrscheinlich nie gedruckt; sie trug der Urkunde vom 26.3.1831 zufolge den Titel „Quaedam quoad psychiatriam homoeopathicam" (Resch 1978).
40 AHZ 7 (1835), S. 272 (ohne Namensnennung, Identifizierung als A. Schwarz nach Resch/Buzas 1976); AHZ 11 (1837), S. 96 zu den Thesen von Benedict Osterrieder (dort fälschlich als Osterrieden).
41 Der bayerische Landbote 1835, S. 163f.

terstützung hochgestellter Bevölkerungskreise rechnen. Selbst in den Familien des bayerischen Innenministers von Oettingen-Wallerstein, des Regierungspräsidenten des Isarkreises (später Oberbayern) von Seinsheim und sogar in der königlichen Familie wurden homöopathische Ärzte hinzugezogen.[42] Damit waren beste Voraussetzungen gegeben, homöopathische Anliegen im persönlichen Gespräch wirkungsvoll zur Sprache zu bringen. Das sollte sich als ein entscheidender Faktor bei der Errichtung des Münchner homöopathischen Krankenhauses erweisen, der ersten aus Staatsmitteln finanzierten homöopathischen Heilanstalt in Deutschland, die nun etwas eingehender geschildert werden soll.

2.1 Das Münchner homöopathische Choleraspital

Die anfängliche Initiative für die Eröffnung einer homöopathischen Heilanstalt in München scheint von Joseph Reubel ausgegangen zu sein. Wäre sie erfolgreich gewesen, so hätte München die erste derartige Einrichtung in ganz Deutschland erhalten. Reubel stellte im August 1832, angeblich nach Rücksprache mit dem bayerischen Innenminister, den Antrag an die Versammlung des deutschen Zentralvereins homöopathischer Ärzte in Leipzig, man möge die rund 3.000 Taler, die man dort seit dem Hahnemannschen Doktorjubiläum 1829 für die Einrichtung einer homöopathischen Klinik gesammelt hatte, für ein homöopathisches Krankenhaus in München verwenden.[43] Der Antrag wurde abgelehnt und das Geld stattdessen zur Gründung der ersten deutschen homöopathischen Heilanstalt in Leipzig verwendet.[44] Doch die Münchner gaben nicht auf. Im Januar 1833 wurde Ringseis von höchster Stelle zum Gespräch über ein Projekt gebeten, das für die weitere Entwicklung der Homöopathie in Bayern von großer Bedeutung zu sein versprach: „Ansehnliche Privaten, namentlich die beiden Freyherrn von Lotzbeck, der Graf von Türkkeim (sic), Montmort, und Andere mehr", so hieß es in einem Schreiben des Innenministeriums, „scheinen geneigt, bedeutende Beyträge zur Errichtung eines homöopathischen Klinikums dahier abzugeben." Auch Herzog Carl von Bayern, Herzog Max, der Herzog von Leuchtenberg, Fürst Friedrich von Oettingen-Wallerstein und der Fürst von Thurn und Taxis seien offenbar zu Beiträgen entschlossen, und es sei vorgesehen, auch im Ausland Gelder zu sammeln.[45]

---

[42] Die Haltung von Ludwig I., der sich als einer der wenigen echten Regenten seiner Zeit zahlreiche Akten persönlich vorlegen ließ, darunter auch solche zu homöopathischen Belangen, läßt dagegen keine klare Parteinahme erkennen; eine Konsultation homöopathischer Ärzte bei eigener Erkrankung des Königs ist nicht überliefert.
[43] AHZ 58 (1859), S. 86-88, Beitrag von J.B. Buchner; Kleinert 1836, S. 324; Brief Hahnemanns an Moritz Müller vom 28.9.1832, wiedergegeben ebd. 183f, Fußn. sowie in Müller 1837, S. 32.
[44] Tischner 1932-39, S. 311-314. Sie wurde im Januar 1833 eröffnet, existierte aber nach 1842 nur noch als Poliklinik.
[45] HStAM MInn 61963, Schreiben des Innenministers vom 7.1.1833.

Das Münchner homöopathische Choleraspital 2.1

Der Münchner Stadtmagistrat wurde aufgefordert, Räumlichkeiten für eine homöopathische Krankenanstalt mit 15 bis 18 Betten für vorerst zwei Jahre zur Verfügung zu stellen. Man dachte dabei konkret an das bisher ungenutzte kleine Choleraspital, das die Stadt im vorangegangenen Jahr unter dem Eindruck der nahenden Seuche am Anger eingerichtet hatte, und das sich dann glücklicherweise als unnötig erwiesen hatte. Der Stadtrat, in dem, wie man verwaltungsintern anmerkte, auch einige Apotheker als notorische Feinde der Homöopathie ihren Sitz hatten, war skeptisch.[46] Man meinte, daß es dem Spital wahrscheinlich bald „an dem freiwilligen Zugange der zu behandelnden Kranken gebrechen möchte, da nur wenige Menschen geneigt seyn mögen, sich aus eigenem Entschlusse dem Versuche einer neuen Kurmethode hinzugeben". Sinnvoller sei es, eine entsprechende Abteilung im Münchner Allgemeinen Krankenhaus einzurichten.[47]

Doch Innenministerium und Kreisregierung machten deutlich, daß es hier um weit mehr ging als um die bloße Schaffung einer Einrichtung zur stationären homöopathischen Krankenbehandlung. Ziel sei eine groß angelegte Überprüfung der Homöopathie, in der diese unter Kontrolle einer überwiegend allopathisch besetzten Kommission „entweder ihre Wirksamkeit oder ihre Unmacht offen entwickeln" solle. Der Magistrat werde somit ermöglichen, daß in München „eine vielseitig bestrittene und noch nirgends zur Entscheidung gebrachte Lebensfrage der Arzneiwissenschaft sich löse", und dazu beitragen, daß

> „Bayern der Ruhm des ersten, *scharf beobachteten und kontrollirten Versuches* nicht entrissen werden könne, und die Entscheidung einer lange schwebenden, ganz Europa beschäftigenden Controverse in seinem München ausgehe, welches schon jezt in dem fernsten Auslande als der Mittelpunkt gründlicher Forschungen in dem Gebiete der Wissenschaften wie der Kunst gilt".[48]

Eine bloße Abteilung in einem allopathischen Krankenhaus, so meinte man den Ausführungen Ringseis' folgend, sei für dieses Ziel nicht geeignet,

> „da bei den eigenthümlichen Kost- und Diät-Verhältnissen des homöopathischen Systems, das Beisammenwohnen einer allopatischen (sic) und homöopathischen Anstalt, Collisionen aller Art bezüglich auf Küche, Speis, Material usw. erzeugen, und am Ende bei mißlungenen Kuren der Apodiktik der Unwirksamkeit der homöopathischen Kurart, durch die

---

[46] HStAM MInn 61963, Schreiben der Kreisregierung an das Innenministerium vom 6.2.1833; man verwies zudem auf 12.000 fl, die der Stadt als Zuschuß für ihre Seuchenabwehrmaßnahmen zugesagt, aber immer noch nicht ausbezahlt worden seien; das habe zu einer ungünstigen Grundstimmung geführt.
[47] Stadtarchiv München 299, Schreiben des Münchner Stadtrats vom 29.1.1833.
[48] Stadtarchiv München 299, Schreiben der Kreisregierung vom 27.2.1833 (Hervorh. im Original), fast wörtlich übernommen aus HStAM MInn 61963, Schreiben des Innenministeriums an die Kreisregierung vom 17.2.1833.

Ausrede nicht gehörig bemessenen Küche, dazwischen getretenen Geruches heftiger Mittel usw. elidirt werden könnte."⁴⁹

Schließlich wurden geeignete Räumlichkeiten in einem ehemaligen Pfarrgebäude in der Münchner Vorstadt St. Anna (heute Lehel) gefunden. Das Gebäude gehörte freilich nicht der Stadt, sondern dem Staat und war dem angrenzenden Franziskanerkloster zur Nutzung überlassen worden.⁵⁰ Die Mitglieder der Kontrollkommission wurden berufen⁵¹ und die Modalitäten der Überprüfung genau festgelegt. Danach sollten die allopathischen Ärzte die Kranken stündlich besuchen dürfen, aber alle etwaigen Erörterungen mußten außerhalb der Krankenzimmer stattfinden. Direkte Fragen an die Patienten sollten die Allopathen nur auf ausdrückliche Aufforderung der Homöopathen stellen dürfen. Ansonsten mußten sie ihre Fragen im Beratungszimmer zur Weitergabe an die Patienten mitteilen.⁵² Die Allopathen waren zudem ausdrücklich gehalten, „sich jedes eifernden Wesens und all dessen zu begeben, was nach homöopathischen Grundsätzen den Erfolg der Heilmittel zerstören oder schwächen könnte."⁵³

Dann aber geriet das Projekt ins Stocken. Den erbetenen Detailplan über die Einrichtung der Anstalt legten die homöopathischen Ärzte erst im März 1834 vor.⁵⁴ Schon zuvor hatten sich aber weit schwerer wiegende Probleme angedeutet: Die Finanzierung der Anstalt aus privaten Mitteln war doch nicht ausreichend gesichert, und die bayerische Regierung zu einem Zuschuß nicht bereit.⁵⁵ Im Dezember 1834 mahnte die Regierung des Isarkreises noch einmal die Durchführung des geplanten Versuchs an, damit man endlich Gewißheit über den Wert der Homöopathie erlange.⁵⁶ Doch im April 1835 wurde der Vorgang mit dem Hinweis zu den Akten gelegt, der Nürnberger Homöopath Reuter habe seinerseits die Gründung einer homöopathischen Klinik angekündigt.⁵⁷

Reuters angebliches Vorhaben hat offenbar nie konkrete Gestalt angenommen. Das Projekt einer homöopathischen Heilanstalt in Bayern schien endgültig zum Scheitern verurteilt. Da gelangte die Cholera im Spätherbst 1836, zum

---

49 Stadtarchiv München 299, Schreiben der Kreisregierung vom 27.2.1833.
50 Stadtarchiv München 299, Schreiben des Magistrats vom 29.1.1833 mit näheren Informationen zu den in Frage kommenden Räumlichkeiten.
51 Neben Ringseis waren dies der Leibarzt Wenzel und die beiden Professoren Gmeiner und Wilhelm; als Ersatzmann wurde Dr. Berger ernannt. Darüber hinaus sollten Philipp Franz von Walther und Obermedizinalrat von Loe die Anstalt von Zeit zu Zeit besuchen. Das Krankentagebuch sollte Dr. Zeitler führen.
52 HStAM MInn 61963, Antrag des Innenministeriums an den König vom 20.5.1833; ebd. Schreiben des Innenministeriums an die Regierung des Isarkreises vom 9.7.1833.
53 HStAM MInn 61963, Schreiben des Innenministeriums vom 9.7.1833.
54 HStAM MInn 61963, Schreiben Reubels vom 5.3.1834, Schreiben der Regierung des Isarkreises an das Innenministerium vom 15.3.1834; der Plan selbst war bisher nicht aufzufinden.
55 HStAM MInn 61963, Schreiben von Carl von Lotzbeck vom 25.3.1833 und ebd., Aktennotiz vom 26.10.34.
56 HStAM MInn 61963, Schreiben vom 24.12.1834.
57 HStAM MInn 61963, Aktennotiz vom 24.4.1835, zu einem Schreiben der Regierung des Isarkreises zur Frage der Ausmittelung der Münchner Anstalt vom 1.3.1835.

Ende der ersten europäischen Seuchenwelle, schließlich doch noch von Italien her nach München. Nun beschloß die Regierung, ein eigenes homöopathisches Choleraspital zu eröffnen. Die Entscheidungsprozesse, die hierzu führten, sind im einzelnen unklar.[58] In der – leider notorisch unzuverlässigen – „Allgemeinen homöopathischen Zeitung" war von einer entsprechenden Initiative eines „menschenfreundlichen Vereins homöopathischer Aerzte" die Rede.[59] Über einen derartigen Verein ist jedoch nichts bekannt. Allenfalls dürfte es sich um eine Anregung von seiten der homöopathischen Ärzte gehandelt haben, denn der maßgebliche Träger und Geldgeber war die Regierung selbst.

Die Regierung ihrerseits verfügte nicht nur über Roths erwähnten Erfahrungsbericht über die homöopathische Cholerabehandlung im Habsburgerreich, der von eindrucksvollen Erfolgsstatistiken begleitet war. Wenige Wochen vor Ausbruch der Seuche hatte auch Friedrich Mosthaff in einer Eingabe erneut auf die hervorragenden Erfolgsstatistiken der Homöopathen in der Behandlung der Cholera hingewiesen und damit Nachforschungen angeregt, in die sogar das Außenministerium eingeschaltet wurde.[60]

Jedenfalls wurde am 10.12.1836 die Eröffnung eines homöopathischen Choleraspitals in dem Pfarrgebäude in St. Anna offiziell genehmigt.[61] Die Leitung der Einrichtung übernahm Carl von Oettingen-Wallerstein, der jüngere Bruder des bayerischen Innenministers. Anfangs verfügte die Einrichtung über 6 Betten, die jedoch bald auf 9, 12, 18 und schließlich 22 vermehrt wurden. Insgesamt 46 Kranke wurden zwischen Mitte Dezember und Ende Januar dort versorgt. Nur 8 Patienten galten freilich als Cholerafälle, die übrigen litten an anderen Erkrankungen. So übernahm das Spital bereits während der Epidemie unter der Hand die ursprünglich anvisierte Funktion einer allgemeinen homöopathischen Heilanstalt.[62]

Von einer systematischen, allopathisch kontrollierten Überprüfung der Homöopathie war nun nicht mehr die Rede. Im Gegenteil, Stadtgerichtsarzt Kopp, dem man im Rahmen seiner seuchenpolizeilichen Aufgaben zusammen mit Medizinalrat Lippl die Oberaufsicht übertragen hatte, bat schon nach wenigen Wochen, von dieser Aufgabe entbunden zu werden. Er sei zwar nicht gerade belei-

---

58 Die umfangreichen bayerischen Choleraakten für 1836/37 waren mir im Bayerischen Hauptstaatsarchiv leider nur in einer überbelichteten Mikrofiche-Reproduktion zugänglich, die auf den dort verfügbaren, obendrein nur unzureichend vergrößernden Geräten teilweise nicht oder nur beschränkt lesbar waren, so daß eine systematische Durchsicht nicht möglich war; die Einsicht in die Originale wurde mir – im Gegensatz zu einem gewissen Entgegenkommen in anderen Fällen – leider verweigert.
59 AHZ 10 (1837), S. 80.
60 Roth, Homöopathische Heilkunst 1833, Umschlagrückseite; Mosthaff suchte um die Erlaubnis zur Niederlassung in München nach (HStAM MInn 61964, Schreiben an das Staatsministerium des königlichen Hauses und des Äußeren vom 18.9.1836); zum Thema Homöopathie und Cholera vgl. Scheible 1992.
61 Vgl. zum folgenden, wenn auch im Detail zuweilen abweichend, Eppenich 1996; die vorangegangenen Entwicklungen hat Eppenich offenbar übersehen.
62 HStAM MInn 61964, Brief Oettingen-Wallersteins vom 31.1.1837; Buchner 1866, S. 33; nach Kopp 1837, S. 175, wurden sogar nur drei Cholerafälle versorgt.

digt worden, doch hätten „höchst unangenehme Auftritte" und „Animositäten" mit den dortigen homöopathischen Ärzten ein Klima geschaffen, das für eine weitere Respizienz nicht geeignet sei.[63]

Für die Homöopathen war die Eröffnung ein großer Erfolg. Es war das erste homöopathische Cholerahospital in Deutschland und die erste deutsche homöopathische Heilanstalt überhaupt, die auf Staatskosten eingerichtet und erhalten wurde, denn die Aufwendungen wurden aus dem Budget für die Cholerabekämpfung bestritten. Allerdings war die staatliche Förderung an die Bedrohung durch die Seuche gebunden. Als die Zahl der Cholerafälle Anfang 1837 zurückging, geriet auch die weitere Existenz der Anstalt in Gefahr. Als Referent bei der Regierung des Isarkreises sprach sich selbst der allopathische Medizinalrat Lippl für die Fortführung der Anstalt aus. Er hielt zwar die Homöopathie für noch nicht ausreichend bewährt, wollte aber die Entscheidung den Patienten überlassen und vertrat die Auffassung, daß „die homöop. Heilmethode gewiß nicht ohne Vorteil ist". Er hielt eine Annäherung, ja eine „Amalgamierung" beider Heilverfahren für wünschenswert. Der grundlegenden methodischen und nosologischen Differenzen war er sich dabei durchaus bewußt: eine allopathisch kontrollierte Erprobung, wie ursprünglich geplant, hielt er wegen der Andersartigkeit der homöopathischen Krankheitslehre nicht für praktikabel. Eine Kontrolle des Behandlungserfolgs der Homöopathie bei bestimmten Krankheiten im Vergleich zu einem allopathischen Vorgehen setze zunächst ein einhelliges Urteil über die Art der vorliegenden Krankheit voraus. Doch den homöopathischen Krankheitsdiagnosen kam nach seiner Erkenntnis ein ganz anderer Stellenwert zu als den allopathischen, indem es den Homöopathen

> „nicht um eine bestimmte Bezeichnung einer Krankheitsform zu thun ist, sondern sie sich in den meisten Fällen mit Aufzählung von den KrankheitsErscheinungen /:Symptomen:/ zur Feststellung der Behandlung begnügen, oder, wie sie sich ausdrücken, mit der Feststellung der Krankheitsbilder".[64]

Gestützt auf dieses Votum verwies die Kreisregierung unter ihrem Präsidenten von Seinsheim auf die Chancen einer Weiterentwicklung und empirischen Bewährung der Homöopathie unter den Bedingungen stationärer Versorgung und setzte sich gegenüber der Zentralregierung mit Nachdruck für eine weitere staatliche Unterstützung der Anstalt ein:

> „Die homöopathische Lehre gewinnt offenbar immer mehr Vertrauen und Theilnahme, und die Zahl ihrer Jünger wird in dem Maaße zu nehmen, als die Lehre selbst durch Erfahrungen bereichert immer mehr von jenen

---

[63] HStAM MInn 61964, Schreiben der Regierung des Isarkreises vom 9.1.1837.
[64] HStAM MInn 61964, Gutachten des Medizinalreferenten vom 31.1.1837; Lippl wehrte sich allerdings gegen die homöopathische Selbstdispensation.

Extravaganzen zurückkömmt (sic), zu denen ursprünglich ein starres Festhalten an die Theorie führte. Wir erachten deßhalb die Begründung einer homöopathischen Heilanstalt unzweifelhaft für zeitgemäß und rathsam."[65]

Von Oettingen-Wallerstein seinerseits bat mehrfach um weitere staatliche Zuschüsse, konkret um jährlich 3.000 fl für zunächst drei Jahre.[66] Anfangs machte man ihm auch Hoffnung. Das Innenministerium forderte ihn auf, eine Kostenaufstellung zu machen und anzugeben, welches andere Gebäude gegebenenfalls für seinen Zweck in Frage komme.[67] Oettingen-Wallerstein legte schließlich einen detaillierten Kostenvoranschlag vor, nicht ohne auf seinen Wunsch nach einem größeren Gebäude mit Platz für 40 bis 45 Kranke und Separatzimmern für zahlungsfähige Patienten hinzuweisen. Für die Weiterführung der Anstalt in der bisherigen Größenordnung ohne Miete errechnete er jährliche Gesamtkosten von 4.240 fl, angesichts von 23 oder 25 Betten eine recht bescheidene Forderung, wie die Regierung des Isarkreises in einem Begleitschreiben betonte.[6]

Doch die Zentralregierung blieb schließlich doch hart. Die Zahlungen wurden nur kurzfristig über das Ende der Seuche hinaus gewährt[69] und dann eingestellt. Lediglich die private Weiterführung der Anstalt wurde gestattet.[70] Oettingen-Wallerstein gab nicht auf. Im Oktober 1837 gelang es ihm anläßlich der Budgetberatungen im bayerischen Landtag sogar, dessen Unterstützung für seinen Antrag zu gewinnen, die Regierung möge im Rahmen des Gesundheitsetats einen zusätzlichen Betrag von jährlich 4.000 fl für den Unterhalt einer homöopathischen Heilanstalt bewilligen.[71] Doch ohne Begründung wurde der Antrag der Kammern vom König im Landtagsabschied als „zur Berücksichtigung nicht geeignet" abgelehnt.[72] Ein Antrag auf Unterstützung inländischer Heilbäder mit immerhin 72.000 fl war dagegen gebilligt worden. Im November 1837 mußte Oettingen-Wallerstein bekanntgeben, daß in Zukunft keine weiteren Kranken mehr stationär aufgenommen würden. Bis dahin sollen insgesamt 249 Patienten behandelt worden sein, von denen 5 starben.[73] Es war beabsichtigt, die Anstalt wenigstens als Poliklinik weiterzuführen, doch nun forderte der Franziskanerkonvent mit Erfolg die früher von ihm genutzten Räume

---

65 HStAM MInn 61964, Schreiben der Regierung des Isarkreises vom 17.2.1837.
66 HStAM MInn 61964, Schreiben K. von Oettingen-Wallersteins an den bayerischen König vom 31.1.1837.
67 HStAM MInn 61964, Schreiben vom 18.3.1837 an die Regierung des Isarkreises.
68 HStAM MInn 61964, Kostenvoranschlag von Oettingen-Wallerstein vom 16.5.1837.
69 HStAM MInn 61964, Schreiben vom 1.7.1837 an die Regierung des Isarkreises mit der Zusicherung staatlicher Zuschüsse bis Ende März 1837.
70 HStAM MInn 61964, Schreiben der Regierung des Isarkreises vom 27.1.37.
71 VKR 1837, Bd. 4, S. 98-101; VKA 1837, Bd. 15, S. 304-336 und Bd. 18, S. 114; auch andernorts war die Homöopathie in den 1830er Jahren Gegenstand von Debatten in Landtagen oder Ständeversammlungen (vgl. Kampf und Sieg 1834; Tischner 1932-39, S. 470).
72 VKA 1837, Bd. 23, S. 24.
73 Baumann 1857, S. 148f.

2 Anfänge (1796-1837)

zurück. Von dem zunächst erwogenen Umzug in ein anderes Haus war nicht mehr die Rede.[74] Mit der Unterstützung jüngerer Assistenten soll die Poliklinik in den folgenden Jahren von Reubel in privaten Räumlichkeiten weitergeführt worden sein.[75]

---

[74] HStAM MInn 61964, Schreiben der Regierung von Oberbayern (ehemals Isarkreis) vom 14.1.1838 und Schreiben des Innenministeriums vom 5.2.1838.
[75] AHZ 12 (1837/38), S. 191; nach Baumann 1857, S. 249, wurden von 1837 bis 1843 auf diese Weise 6000 Patienten behandelt, von denen 59 starben. S. u. zur weiteren Geschichte der Anstalt.

3 Unter Druck (1837-1848)

In der brüsken Zurückweisung des Landtagsantrags auf finanzielle Förderung des homöopathischen Spitals deutet sich bereits ein gewisser Wandel in der bisherigen, wohlwollenden Einstellung der Zentralregierung gegenüber der Homöopathie an. Warum die Regierung angesichts der breiten Unterstützung für die Anstalt in höchsten Gesellschaftskreisen und bis ins königliche Haus hinein so unnachgiebig blieb, läßt sich nicht mehr rekonstruieren. Es liegt jedoch nahe, an eine negative Beeinflussung durch die allopathischen Leibärzte des Königs zu denken. Bald sahen sich die Homöopathen jedenfalls auch in anderen Bereichen mit vermehrten Widerständen und gesetzlichen Restriktionen konfrontiert.

Schon im Dezember 1835 war die Anwendung der Homöopathie bei gerichtsärztlichen Fällen verboten worden. Dies geschah zwar in Reaktion auf den Versuch von Strafverteidigern, bei Gerichtsprozessen wegen Körperverletzung oder Totschlag Strafmilderung mit dem Argument zu erwirken, die Folgen der Tätlichkeit seien durch die unzureichende, nämlich homöopathische Behandlung des Opfers noch zusätzlich verschlimmert worden.[76] Für die Homöopathen war dies jedoch eine alarmierende Entwicklung: „Da gerichtliche Fälle homöopathisch nicht behandelt werden dürfen, so muß der Gerichtsarzt, wenn er aus Ueberzeugung Homöopath ist, wohl häufig in Widerspruch mit sich selbst geraten", hieß es wenig später in einem verwaltungsinternen Schreiben. Angesichts der gerichtsärztlichen Aufsicht über sämtliche Apotheken ihres Bezirks befürchtete man zudem Auseinandersetzungen mit den allopathischen Apothekern.[77] Mit der neuen Verordnung drohte somit zugleich der Ausschluß der Homöopathen von dem begehrten, einträglichen Amt des Gerichtsarztes. Dazu kam es allerdings dann doch nicht. Auch in der Folgezeit läßt sich eine ganze Reihe von Homöopathen nachweisen, die als Beamte im Staatsdienst gerichtsärztliche Positionen innehatten und diese zum Teil sogar nach jahrelanger, behördlicherseits bekannter homöopathischer Betätigung erhalten hatten, so unter anderem F.L. Fleischmann in Dillingen, Chr. Ohlhauth in Würzburg, F.A. Ott in Pfaffenhofen und später in Mindelheim, G.W. Reichel in Naila, F.L. Schroen in Hof und Ph. Schuhmann in Königshofen. Ein empfindlicher Schlag für das Ansehen der Homöopathie in der Öffentlichkeit war die neue Verordnung freilich allemal.

Eine Verordnung vom Februar 1837 untersagte dann nach Befragung der Kreismedizinalausschüsse den Chirurgen und Landärzten die Ausübung der Homöopathie. Dabei handelte es sich um Vertreter des unterärztlichen Heilpersonals, die in Bayern seit 1809 an den speziellen Landärzteschulen und nach deren Schließung von 1823-1836 an besonderen Chirurgenschulen ausgebildet

---

76 Döllinger 1838, S. 924, Ministerialentschließung vom 23.12.1835; s.a. AZH 1 (1848), S. 140.
77 HStAM MInn 61964, Schreiben der Regierung von Oberbayern vom 2.1.1838.

wurden. Die Landärzte, die auch innere Krankheiten behandeln und im Gegensatz zu den akademischen Ärzten eine kleine Handapotheke führen durften, sollten die medizinische Versorgung vor allem dort sicherstellen, wo es keinen akademisch gebildeten Arzt gab. Der gesetzliche Wirkungskreis der Chirurgen beschränkte sich im wesentlichen auf äußere Krankheiten.[78] Vertreter beider Berufsgruppen hatten offenbar begonnen, sich mit der Homöopathie zu befassen, und sich teilweise auch eigene homöopathische Handapotheken zugelegt, aus denen sie Mittel unmittelbar an die Patienten abgaben.[79] Dem wurde mit der neuen Verordnung der Riegel vorgeschoben.[80] Man machte insbesondere die Gefahr des Mißbrauchs geltend, denn „würde diesen Individuen das Halten von homöopathischen Hausapotheken gestattet werden", so der Kreismedizinalausschuß des Unterdonaukreises, „so ist vorauszusehen, daß das Land sehr bald von einer Unzahl homöopathisirender Chirurgen bedeckt sein würde, welche, nichts weniger als Homöopathen, unter dem Namen homöopathischer Arzneyen allopathische Medikamente dispensiren würden, bloß deswegen, um sich auch die Vortheile des Apothekers anzueignen."[81]

In gewisser Weise förderte die Regierung mit der neuen Entschließung die Professionalisierung der Homöopathie, und manche homöopathische Ärzte vor Ort mögen diese Ausschaltung einer potentiellen Konkurrenz nicht ungern gesehen haben. Doch die offizielle Begründung, die Ausübung der Homöopathie könne diesen weniger gebildeten Gruppen als einer „in ihren Wirkungen noch nicht vollständig ergründeten Methode" nicht gestattet werden[82], spiegelte rund 40 Jahre nach der Begründung der neuen Lehre die weiterhin prekäre öffentliche Stellung der Homöopathie wider. Das Argument der Mißbrauchsgefahr war zudem leicht auf die Selbstdispensation durch homöopathische Ärzte übertragbar.

---

[78] Stolberg 1986, S. 173-185; Grunwald 1990, S. 54-116.
[79] Aktenkundig wurden der Landarzt Mathias Riedle in Schellenberg bei Berchtesgaden, der seine homöopathischen Mittel aus dem nahen Salzburg bezog, der Landarzt Gleichauf in Straubing und der Chirurg Keller in München (HStAM MInn 61964).
[80] Roth, als Vertreter der Homöopathie, forderte dagegen vergeblich, auch den Hebammen die Verwendung homöopathischer Mittel zuzugestehen, bei dynamisch bedingten Geburtsproblemen und für die Neugeborenenversorgung (HStAM MInn 61964, Sondervotum vom 20.5.1836; gewöhnlich gaben die Hebammen den Neugeborenen vor allem Rhabarbersäftchen, um den Abgang des Kindspechs zu fördern).
Inwieweit das Verbot der Homöopathie für diese Berufsgruppen tatsächlich durchgesetzt wurde, bleibt im übrigen fraglich. 1839 wurden der Witwe des Chirurgen Mathias Riedle in Schellenberg vom Finanzministerium anstandslos die ausstehenden Gebühren für seine homöopathische Behandlung staatlicher Salinenarbeiter zugesprochen, obwohl ein Gesuch Riedles aus dem Jahr 1837, von dem jüngsten Verbot homöopathischer Behandlung befreit zu werden, ausdrücklich abgelehnt worden war (HStAM MInn 61964, Schreiben des Innenministeriums vom 8.7.37 und vom 11.8.39). Möglicherweise betrafen die Forderungen allerdings den Zeitraum vor Erlaß der Verordnung.
[81] HStAM MInn 61964, Gutachten des Kreismedizinalausschusses des Unterdonaukreises vom 2.5.1836.
[82] Döllinger 1847, S. 204, Ministerialentschließung vom 5.2.1837.

Abb. 4: Kleine schwarze Taschenapotheke Samuel Hahnemanns (Quelle: Institut für Geschichte der Medizin der Robert Bosch Stiftung, Stuttgart)

Schwerwiegende Eingriffe in deren Tätigkeitsbereich folgten. Im Jahr 1842 wurde durch ministeriellen Erlaß die Ausübung der Homöopathie „bis zur Sammlung reiferer und befriedigenderer Erfahrungen über die Wirksamkeit und Zweckmäßigkeit dieses Heilverfahrens" auch in sämtlichen öffentlichen Kranken- und Armenhäusern verboten.[83] Auslöser war nach Lage der Akten eine Beschwerde von seiten der Apotheker. Die Kranken in den öffentlichen Armen- und Krankenanstalten, so hieß es dort, seien ebenso wie die in den gerichtsärztlich versorgten Zuchthäusern zwangsweise an den ordinierenden Arzt gebunden. Wenn dieser einer homöopathischen Behandlung den Vorzug gebe, dann würden die Insassen auch zwangsweise ohne Alternative der Homöopathie ausgeliefert.[84]

Stand hier – angesichts der damals noch geringen Bedeutung der stationären Versorgung – in erster Linie die wissenschaftliche Seriosität der Homöopathie auf dem Spiel und allenfalls noch die Chance eines kleinen Nebenverdienstes als Spitalsarzt, so trafen die erneuten Angriffe auf das 1834 erkämpfte

---

[83] Strauß 1854, S. 24f, Fußn., Verordnung vom 14.4.1842.
[84] HStAM MInn 61964, undatiertes Schreiben der Regierung von Oberbayern (ca. Ende 1841) mit Zusammenfassung einer Beschwerde der „Landgerichtsapotheke". Zudem warnte man, es könne der Eindruck entstehen, die Regierung sei bloß geizig und dulde die Homöopathie nur wegen deren größeren Wohlfeilheit ihrer Mittel.

3 Unter Druck (1837-1848)

Dispensierrecht einen zentralen Aspekt ärztlicher homöopathischer Praxis. Schon 1838 forderte die Kammer des Inneren bei der Regierung von Oberbayern, auf Betreiben ihres Medizinalreferenten und gegen das Votum ihres eigenen Regierungspräsidenten, eine Aufhebung dieses Privilegs. Der Fall von Philipp Schumann in Tittmoning diente als Anlaß. Dieser, so klagte man, gebe trotz mehrfacher Mahnungen unter dem Vorwand homöopathischer Kur in großem Umfang auch diverse allopathische Mittel ab, so daß „hier die homöopathische Heilmethode offenbar nur zum Vorwande gebraucht wird, um ungestraft alle Arzneyen selbst verfertigen, und so die betreffenden Verbote umgehen zu können", und, „daß mehrere Aerzte dem Beyspiel Schuhmanns folgen würden, welche auf andern Wegen ihre Subsistenz nicht finden, ist mit Grund zu besorgen."[85]

Zunächst blieb alles beim alten, doch dann brachte die neue bayerische Apothekenordnung von 1842 die Kehrtwendung. Wie bisher schon die allopathischen Ärzte durften die Homöopathen ihre Mittel in Zukunft innerhalb des Umkreises von zwei Wegstunden zur nächsten Apotheke nicht mehr selbst dispensieren. Eine Ausnahme galt nur dann, wenn die örtlichen Apotheker die Anfertigung von homöopathischen Arzneien verweigerten.[86] Die meisten bayerischen Homöopathen praktizierten in kleineren oder größeren Städten, wo es wenigstens eine Apotheke gab. Das Recht auf homöopathische Selbstdispensation war damit im wesentlichen abgeschafft, denn es war kaum zu erwarten, daß die Apotheker den Homöopathen den Gefallen tun würden, die Anfertigung der Medikamente zu verweigern.[87]

Zusätzlich verschlimmert wurde die Lage der Homöopathen durch die gleichzeitig verabschiedete neue Apothekertaxe. Diese sah für homöopathische Arzneien eine verhältnismäßig hohe Gebühr vor, nämlich jeweils 6 Kreuzer für bis zu 30 Tropfen einer homöopathischen Verdünnung, bis zu 50 Streukügelchen oder bis zu zehn Gran einer Verreibung. Das entsprach etwa dem Preis für ein Pfund Rindfleisch, das sich viele Menschen damals nur selten leisteten, und in der gleichen Größenordnung lagen die Preise für eine ganze Unze gängiger herkömmlicher Arzneimittel wie der Nießwurz.[88] Damit fiel der bisherige Vorteil der besonderen Preisgünstigkeit weg, ja die homöopathische Behandlung drohte sogar teurer zu werden als die allopathische.

In dieser Situation wachsender Bedrängnis machten sich die Homöopathen daran, in gemeinsamem Vorgehen das verlorene Terrain zurückzugewinnen. In individuellen und kollektiven Eingaben und Beschwerdeschriften forderten sie

---

[85] HStAM MInn 61964, Schreiben der Regierung von Oberbayern vom 2.1.1838; ebd., abweichende Stellungnahme des Regierungspräsidenten vom 28.1.1838.
[86] RB 1842, S. 257-302, Apotheker-Ordnung vom 27.1.1842.
[87] In München gab es zu diesem Zeitpunkt bereits vier Apotheken, die homöopathische Mittel abgaben (Königlich Bayerischer Polizey-Anzeiger von München 1843, S. 139, Bekanntmachung vom 14.2.1843); eine davon führte übrigens kein anderer als Ludwig Widnmann, der Sohn des Nestors der bayerischen Homöopathen, Franz Seraph Widnmann.
[88] Strauß 1854, S. 112-163, Arzneitaxordnung vom 27.1.1842, hier besonders S. 139f, „Praeparata sic dicta homoiopathica".

für die Homöopathie die gleiche Freiheit, wie sie andere neue, gemeinnützige Erfindungen verdienten. Das Argument verbarg geschickt, daß man, wenn auch aus den Besonderheiten der Homöopathie begründet, im Hinblick auf die Selbstdispensation eine Privilegierung gegenüber den allopathischen Ärzten anstrebte. Der Vorteile dieses Privilegs dürften sich die Homöopathen durchaus bewußt gewesen sein. Sie betonten, daß die Zubereitung der homöopathischen Mittel „der genauesten Praecision" bedürfe, und warnten vor einer möglichen Verfälschung der homöopathischen Heilmittel durch kleinste Mengen etwa an den Kleidern haftender allopathischer Stoffe.[89] Die naheliegende Forderung nach allgemeiner Dispensierfreiheit für sämtliche Ärzte scheint von homöopathischer Seite jedoch nirgends verlautet zu sein.

Von außerhalb Bayerns nahm Ludwig Grießelich, einer der führenden deutschen Homöopathen, gar die Autorität von Joseph Görres, der Leitfigur des bayerischen katholischen Konservativismus, in Anspruch, um die Regierung von einem Eingriff abzuhalten, der, wie er meinte, letztlich Glaubensdinge betreffe.[90] Selbst die Schwägerin des früheren Innenministers, Prinzessin Julie von Oettingen-Wallerstein, setzte sich persönlich für die homöopathische Selbstdispensation ein.[91] Vielleicht gab ihre Stimme schließlich den Ausschlag. Jedenfalls folgte wenige Tage nach ihrem Schreiben die Wende mit den ergänzenden Durchführungsbestimmungen zu der neuen Apothekerverordnung. Ihrzufolge mußten jene Apotheker, die homöopathische Mittel verkaufen wollten, nun in Zukunft eigene Räume für deren Herstellung und Aufbewahrung bereithalten, und es durfte auch nicht ein und dieselbe Person in der gleichen Apotheke mit der Herstellung von allopathischen und homöopathischen Mitteln gleichermaßen betraut werden. Das sollte die von den Homöopathen befürchtete Kontamination der homöopathischen Mittel verhindern. Waren diese Voraussetzungen nicht gegeben, dann durften die Homöopathen auch weiterhin selbst dispensieren.[92]

Damit waren die Apotheker vor eine ganz neue Situation gestellt. Wenn sie auch in Zukunft homöopathische Mittel verkaufen wollten, mußten sie einen erheblichen Kostenaufwand für die Einrichtung entsprechender Räume und die Bezahlung eines eigenen Provisors in Kauf nehmen. Außerhalb der Großstädte Nürnberg, Augsburg und München barg eine solche Investition angesichts der zahlenmäßig beschränkten Klientel ein hohes Risiko oder ließ von vornherein

---

[89] HStAM MInn 61964, Eingaben vom 23.2.1842 bis zum 3.7.1842; von J.E. Nusser, Chr. Ohlhauth, B. Osterrieder (2), gemeinsame Eingabe von Reubel, Widnmann, Mahir, Trettenbacher, Nusser, Buchner und Ott; HStAM MInn 61965, Eingabe J.B. Buchners, unterstützt von zehn weiteren Homöopathen.
[90] HStA MInn 61964, Schreiben vom 3.7.1842.
[91] HStAM MInn 61965, Eingabe vom 5.3.1843, unter Beilage des Briefs eines Oberappellationsrates vom 24.2.1843, der sich über die Zustände in der Laßmillerschen homöopathischen Apotheke in München beschwerte; die Homöopathen erwähnen ihrerseits ein vorausgehendes persönliches Gespräch mit Prinzessin Julie (Ebd., Eingabe Buchners vom 2.3.1843).
[92] HStAM MInn 61965, Schreiben an die Kreisregierungen vom 15.3.1843.

3 Unter Druck (1837-1848)

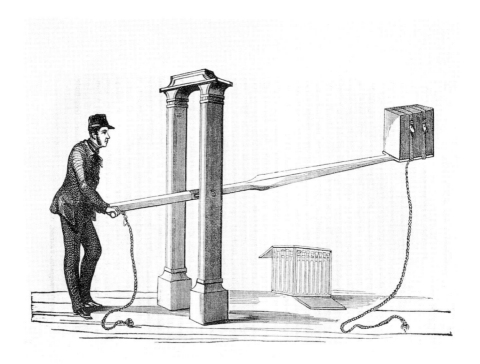

Abb. 5: Schüttelmaschine für die Herstellung von homöopathischen Wirkstoffen, Mitte 19. Jahrhundert (Quelle: Benoît Mure, Doctrine de l'école de Rio Janeiro et pathogénésie brésilienne, Paris 1848, S. 42)

keinen ausreichenden Gewinn erwarten. So gewannen die Homöopathen vielerorts de facto wieder das Recht zur Selbstdispensation zurück.

Die Apotheker reagierten erwartungsgemäß verärgert. Sie erklärten die Haltung eines eigenen Gehilfen für die Abgabe homöopathischer Mittel für undurchführbar[93], oder sahen gar ihre Existenz bedroht.[94] Die Münchner Apotheker kündigten die Errichtung einer gemeinsamen homöopathischen Zentralapotheke an, um der homöopathischen Selbstdispensation den Garaus zu machen.[95] Als gar ein Antrag der bayerischen Abgeordnetenkammer, die Regierung möge die Homöopathie unterstützen, von der ersten Kammer dahingehend konkretisiert wurde, daß die Regierung ausdrücklich auch zur gänzlichen Aufhebung des Dispensationsverbots für homöopathische Ärzte aufgefordert wurde[96], reagierten Apotheker vollends empört. Mit „Schmerz-erfülltem Herzen", so das „Ge-

---

[93] HStAM MInn 61965, Schreiben der Regierung von Oberbayern mit Protokollerklärungen diverser Apotheker vom 5.4.1843.
[94] HStAM MInn 61965, Gesuch der Hofer Apotheker Christian Erb und Ludwig Rücker vom 24.5.1843; Schreiben der Regierung von Oberfranken vom 22.2.1844.
[95] HStAM MInn 61965, Schreiben der Regierung von Oberbayern vom 10.5.1843 zur Vorstellung der Stadtapotheker vom 13.4.1843.
[96] VKA 1843, Bd. 18, S. 28-45; VKR 1843, Bd. 4, S. 222-224; gleichzeitig wurde der Antrag durch die Bitte um Förderung der Wasserheilkunde ergänzt.

samt-Gremium der Apotheker Niederbayerns", habe man von dem Landtagsantrag gehört, durch welchen „nicht weniger als 4-500 Unterthanen und Familien-Väter und stets treue Anhänger an das Königliche Haus, augenscheinlich um ihre Subsistenz gebracht und zu Grunde gerichtet werden würden."[97] Das Recht auf homöopathische Selbstdispensation öffne der medizinischen Pfuscherei Tür und Tor, manche Ärzte würden sich des Selbstdispensierens und Erwerbes wegen der Homöopathie überhaupt erst zuwenden, und „unter dem Deckmantel der Homöopathie" werde man „Arzneyen in grossen Dosen abreichen (sic) und so das Publicum und die Wissenschaft täuschen."[98]

Der mittlerweile zum Geheimrat ernannte J. N. von Ringseis wies die Klagen der Apotheker freilich entschieden zurück und forderte stattdessen, die homöopathische Selbstdispensation wieder völlig freizugeben, wie das in anderen Staaten bereits geschehen sei. Eine besondere Rücksichtnahme auf die Apotheker hielt er nicht für angebracht. Ohnehin seien die Apothekerpreise in den letzten zwanzig Jahren auf das Dreifache gestiegen, und im übrigen müßten sich die Apotheker mit den Gesetzen des Fortschritts abfinden:

> „Es ist nicht wahrscheinlich, daß die s.g. Homöopathie je solche Ausbreitung erlange, um die s.g. Allopathie sehr bedeutend zu beschädigen oder gar zu verdrängen; u. geschähe es, was kaum ein Beweis gegen die Homöopathie wäre: so ereignete sich mit der Allopathie nur, was sich mit allen Gewerben durch Einführung neuer Erfindungen ereignet."[99]

Die Regierung beließ es bei der geltenden Regelung. In der Folgezeit kam es vor Ort immer wieder zu heftigen Auseinandersetzungen. In Hof etwa überschütteten der Homöopath Kunstmann und der Apotheker Rücker die Behörden mit zahllosen, paragraphengespickten Gesuchen und Beschwerden. Selbst vor gegenseitigen Strafanzeigen und persönlichen Schmähungen schreckten sie nicht zurück.[100]

Inwieweit die wirtschaftliche Existenz der Apotheker durch die neuen Bestimmungen tatsächlich bedroht war, ist rückblickend schwer einzuschätzen. Eine Aufstellung des eben erwähnten Apothekers Rücker läßt zumindest Zweifel aufkommen: Trotz der untypischen, für einen allopathischen Apotheker besonders schwierigen Lage in Hof, wo zwei von fünf Ärzten homöopathisch behandelten, verkaufte Rücker im Jahr 1845 allein zur Behandlung von Eisenbahnarbeitern, Dienstboten und Handwerksgesellen, Pfründnern und Stadtarmen Medikamente im Wert von 1650 fl – knapp das Dreifache des Jahresgehalts eines

---

[97] HStAM MInn 61965, undatierte Eingabe, mit Aktenvermerk vom 9.10.1843.
[98] Ebd.
[99] HStAM MInn 61965, auf den 1.5.1844 datierter und von Ringseis unterzeichneter Vortrag, der aber offenbar erst in der Sitzung des Obermedizinalausschusses vom 18.5. zur Sprache kam.
[100] Umfangreich dokumentiert in HStAM MInn 61965; Kunstmann etwa verwies auf eine angebliche abstoßende Hauterkrankung des Apothekers. Eine ähnliche, wenn auch weniger heftige Auseinandersetzung entspann sich zwischen F.A. Ott und dem Apotheker Valta im schwäbischen Mindelheim.

3 Unter Druck (1837-1848)

Gerichtsarztes; die Umsätze bei Privatkunden dürften noch erheblich höher gelegen haben.[101] Gerade in Niederbayern, wo die Apotheker durch die neue Regelung sogar ihre Existenz für gefährdet erklärten, hatte die Homöopathie unter den Ärzten zudem bisher kaum Anklang gefunden.

---

[101] HStAM MInn 61965, Schreiben Rückers an den König aus dem Jahr 1847.

4 Professionalisierung und Institutionalisierung (1848-1870)

4.1 Homöopathie und Medizinalreform

In den bewegten Jahren vor 1848 machte sich auch in der europäischen Ärzteschaft Aufbruchstimmung breit. Überkommene Normen und Strukturen wurden in Frage gestellt, endlich schien der Zeitpunkt gekommen, in kollektiver Anstrengung den eigenen Interessen im Rahmen einer umfassenden Medizinalreform besser Gehör zu verschaffen. Die bayerischen Homöopathen hatten an dieser Strömung regen Anteil. Etliche von ihnen traten mit medizinalreformerischen Schriften und Forderungskatalogen hervor. F. A. Ott und B. Osterrieder suchten sich gar mit gewissem Erfolg zu Wortführern der ganzen Bewegung zu machen.[102]

Was ihre spezifischen Anliegen betraf, mußten die bayerischen Homöopathen zwar bald die enttäuschende Erfahrung machen, daß sie auch in der „demokratischen" Medizinalreformbewegung auf massive Widerstände der allopathisch gesinnten Mehrheit stießen und teilweise nicht einmal Gelegenheit erhielten, ihre Wünsche zur Sprache zu bringen.[103] Doch grundsätzlich hatten sich die Aussichten deutlich zugunsten der Homöopathen verbessert. Angesichts des Bedeutungszuwachses liberalen Gedankenguts war zumindest eine offene Benachteiligung eines bestimmten medizinischen Systems durch den Staat zunehmend schwerer zu rechtfertigen. Ein wichtiges professionspolitisches Argument kam hinzu. Es war ein zentrales Anliegen damaliger (wie heutiger) ärztlicher Standespolitik, die Medizin zu einem weitgehend autonomen Bereich zu gestalten, in dem die Ärzte selbst, frei von staatlicher Bevormundung, über Zugangsbeschränkungen, Verhaltensnormen und Ressourcenverteilung bestimmen konnten.[104] Wer diesen Grundsatz akzeptierte, konnte jedoch auch als Allopath Eingriffe gegen die ungeliebte Homöopathie nicht mehr ohne weiteres rechtfertigen, solange diese von wissenschaftlich gebildeten Ärzten ausgeübt wurde. Schon 1836 hatte sich in diesem Sinne ein anonymer Autor anläßlich des bayerischen Verbots der Homöopathie in gerichtsärztlichen Fällen zwar recht despektierlich über den „mysteriösen Bombast" in Hahnemanns Schriften geäußert, doch er warnte die Gegner der Homöopathie mit Nachdruck, sich über die neue Maßregel voreilig zu freuen. Wenn sie ihr zustimmten, würden sie nämlich zugleich

---

[102] Osterrieder 1843 und 1847; Ott 1848; vgl. auch die Notizen über Beitrittserklärungen zur Bewegung in MC 9 (1848) und 10 (1849).
[103] Trettenbacher 1849.
[104] Vgl. etwa das „Glaubensbekenntnis" des (allopathischen) Wortführers der bayerischen Medizinalreformbewegung W.F. von Jan (Januar 1850).

„in die Verletzung eines Rechtes willigen, welches die Aerzte mit allen geistigen Waffen vertheidigen sollten. Räumt man das Recht ein, die homöopathische Heilmethode zu verbieten, so räumt man per consequentiam das Recht zum Verbot eines jeden Systems, einer jeden Methode und nicht blos in gerichtlichen Fällen, sondern auch für die ganze ärztliche Praxis ein."

Und wenn

„man ein Recht zugiebt, Systeme und Heilmethoden gesetzlich zu verbieten, so wird man auch ein Recht zugeben müssen, Systeme und Heilmethoden gesetzlich einzuführen."

Die Wissenschaft sei jedoch eine Republik, in der es „keine Diktatur und keine andere Gewalt als die geistige" geben dürfe.[105]

Vor diesem Hintergrund konnten sich die Homöopathen in jenen bewegten Jahren berechtigte Hoffnungen machen, daß zumindest das Verbot der Homöopathie an den Krankenanstalten aufgehoben werde, das ihre eigene Medizin eindeutig benachteiligte. Eine entsprechende Eingabe von F. A. Ott aus dem Jahr 1847 wurde noch abschlägig beschieden, doch ein gutes Jahr später hatte Johannes E. Nusser (1811-1854) mehr Erfolg.[106] Er unterstrich mit Nachdruck, das Verbot sei eine „öffentliche Verurtheilung ohne alle Motive gegen alle diejenigen Ärzte, die es für Gewissenspflicht halten, die homöop. Heilmethode zu lehren, zu studiren, und damit zu heilen." Immerhin sei die Homöopathie schon sechzig Jahre alt und damit in ihrer Wirksamkeit und Unschädlichkeit weit besser abgesichert als beispielsweise die neuen Narkosemittel der allopathischen Medizin. „Mit besserm Recht", so folgerte er, „hätte man das oft tödtliche Chloroform, das Aderlassen, die Quecksilberschmierkur usw. verbieten dürfen." Aufgabe der Regierung sei es lediglich, für moralisch integre und wissenschaftlich gebildete Ärzte zu sorgen.[107]

Die medizinischen Fakultäten an den drei bayerischen Universitäten wurden um Stellungnahme gebeten, und sie gelangten mehrheitlich zu Schlußfolgerungen, die für die Homöopathen recht erfreulich waren. Aus einer grundsätzlichen Skepsis gegenüber der Homöopathie machten sie zwar großteils kein Hehl. Vom „Standpunkte der Wissenschaft aus", so die Erlanger Fakultät, könne man „die Homöopathie als eine wissenschaftliche Doctrin nicht anerkennen, da ihr die nothwendigen wissenschaftlichen Grundlagen ganz und gar fehlen."[108] Und nach Auffassung der Würzburger Fakultät entbehre die Homöopathie „jeder physiologisch, anatomischen, somit jeder wahrhaft wissenschaftlichen Begründung, und

---

[105] Ueber Verbote 1836, Zitate auf S. 508, S. 515 und S. 503.
[106] HStAM MInn 61965, Schreiben vom 12.1.1847 an die Regierung von Schwaben; ebd., Schreiben des Innenministeriums vom 20.7.1848.
[107] HStAM MInn 61965, Gesuch Nussers vom 7.6.1848.
[108] HStAM MInn 61965, Gutachten vom 10.8.1848.

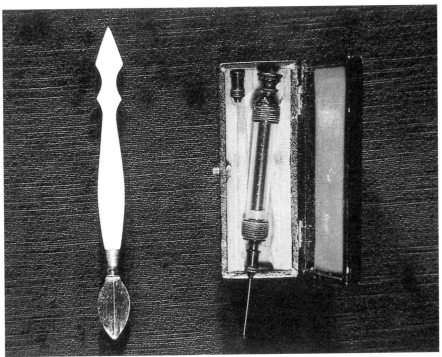

Abb. 6: Aderlaßschnäpper, Deutschland, frühes 18. Jahrhundert, Spritze nach C.G. Pravaz 1791-1835 (Quelle: „Der Tierarzt". Katalog der Ausstellung zur Geschichte der Tiermedizin im Museum der Burg Zug, 15.9.1988-19.2.1989, Kriens 1988, S. 452)

ist vom theoretischen Standpunkte aus als ein Gewebe unnachweisbarer Hypothesen anzusehen."[109]

Doch nur die Erlanger Fakultät leitete daraus die Forderung ab, das geltende Verbot beizubehalten. In München, wo derartige Fragen im Durchlaufverfahren ohne gemeinsame Sitzung erledigt wurden, stellte sich die Mehrheit hinter die Auffassung Philipp Franz von Walthers, der sich für eine Aufhebung des Verbots aussprach und die Entscheidung jeweils in das Ermessen des leitenden Krankenhausarztes gestellt wissen wollte. Die von Breslau vertretene Gegenposition, Nussers Gesuch solle „ad acta" gelegt werden, „wie dieß bereits größtentheils mit der Homöopathie selbst schon der Fall ist", konnte sich nicht durchsetzen.[110]

Die Würzburger Fakultät sprach sich nicht nur einstimmig für eine Aufhebung des geltenden Verbots aus – vorausgesetzt, die allopathische Behandlung von Patienten, die eine solche wünschten, blieb auch an Orten mit nur einem

---

[109] HStAM MInn 61965, Gutachten vom 12.9.1848.
[110] HStAM MInn 61965, Stellungnahmen der Mitglieder der Münchner medizinischen Fakultät vom August 1848; Reubel gab ein ausführliches, vor allem gegen Breslau gerichtetes Sondervotum ab.

Krankenhaus erhalten.[111] Sie nahm die Angelegenheit zugleich zum Anlaß für eine standespolitische Grundsatzerörterung. Programmatisch formulierte sie:

> „Die Wissenschaft ist eine freie und ebenso die Arzneikunst, und es muß jedem wissenschaftlich gebildeten Arzte gestattet sein, seine Kranken nach der Methode zu behandeln, die er seiner Ueberzeugung gemäß für die zweckmäßigste hält. Das Handeln eines wissenschaftlich gebildeten und gewissenhaften Arztes kann nie einer polizeilichen Ueberwachung unterworfen werden."[112]

Trotz ihrer Kritik an einer mangelnden wissenschaftlichen Grundlegung der Homöopathie fanden die Mitglieder der Fakultät zudem im kritischen Rückblick auf die Geschichte ihrer eigenen Wissenschaft erstaunlich wohlwollende Worte für die Homöopathie als solche, obwohl – oder vielleicht auch gerade weil – diese nach ihrer eigenen Darstellung in Würzburg nie festen Fuß gefaßt hatte:[113]

> „Auch die Homöopathie ist als eine wesentliche Durchgangs- und Entwicklungsstufe der Arznei-Wissenschaft zu betrachten. Während die alte Schule die Arzneien auf bloßen Glauben hin, in ungeheuren Dosen und in der buntesten Verbindung in Anwendung brachte, hat die Homöopathie zur Prüfung der einzelnen Arzneistoffe an Gesunden, zur Anwendbarkeit und Nützlichkeit derselben in kleinen Dosen, zu einfacher ärztlicher Behandlung usw. geführt, und besonders auch die Wichtigkeit eines zweckmäßigen diätetischen Verhaltens nachgewiesen."[114]

Viele Kranke seien bereits erfolgreich homöopathisch behandelt worden, und namentlich für die Behandlung von Neurosen und chronischen Krankheiten komme der Homöopathie womöglich eine große Bedeutung zu. Durch die unbeschränkte Freigabe der Homöopathie auch in den Krankenhäusern werde diese sich um so sicherer und schneller läutern, das Irrige untergehen, das Wahre fortbestehen.[115]

Der beharrliche Kampf der Homöopathen hatte sich gelohnt. Die Regierung folgte dem mehrheitlichen Votum der Fakultäten. Im Oktober 1848 nahm das Innenministerium das Verbot der Homöopathie an öffentlichen Kranken- und Armenanstalten wieder zurück.[116]

---

[111] Eine vollständige, gleichberechtigte Wahlfreiheit für die Patienten hatte man dagegen nicht im Sinn. Für Patienten, die eine homöopathische Behandlung am einzigen – allopathischen – Krankenhaus wünschten, war die gleiche Rücksichtnahme nicht vorgesehen.
[112] HStAM MInn 61965, Gutachten vom 12.9.1848.
[113] In der Tat ist aus Würzburg nur Ohlhauth als einsamer Vertreter der Homöopathie überliefert – allerdings hatte er immerhin das Amt des Stadtgerichtsarztes inne.
[114] HStAM MInn 61965, Gutachten vom 12.9.1848.
[115] Ebd.
[116] HStAM MInn 61965, Schreiben an die Kreisregierungen vom 30.10.1848. Nur das Verbot homöopathischer Behandlung in gerichtsärztlicher Funktion blieb bestehen, vermutlich weil man weiterhin eine prozeßtaktische Instrumentalisierung durch die Verteidiger befürchtete.

4.2 Die Verbreitung der Homöopathie im Spiegel der Statistik (1854)

Rein zahlenmäßig hatten die ärztlichen Homöopathen zur Jahrhundertmitte beachtliche Bedeutung erlangt. Exakte Daten sind leider für das gesamte 19. Jahrhundert nicht überliefert.[117] Ab 1860 gibt es einzelne, aber nicht ganz vollständige und teilweise fehlerhafte Zusammenstellungen von homöopathischer Seite, die auch gewisse rückblickende Aussagen erlauben. Ansonsten müssen die einschlägigen Angaben aus heterogenen Quellen zusammengesucht werden, aus den Akten der Gesundheitsverwaltung ebenso wie aus Veröffentlichungen, Nachrufen und Personalnachrichten in der homöopathischen Publizistik. Unterschiedliche Schreibweisen des gleichen Namens und fehlende oder unterschiedlich angegebene Vornamen erschweren manchmal die Identifizierung. Leicht kann zudem der eine oder andere Homöopath übersehen werden, der unauffällig in einem kleineren Landstädtchen seiner Praxis nachging oder es gar vorzog, seine offizielle allopathische Identität zu bewahren, und nur unter der Hand zuweilen homöopathisch behandelte.[118] Bei älteren, zunächst allopathisch tätigen Ärzten bleibt wiederum der genaue Zeitpunkt der Hinwendung zur Homöopathie nicht selten ungewiß. Auch eine spätere Rückkehr zu einer ausschließlich allopathischen Behandlungsweise ist denkbar und für einzelne Homöopathen überliefert.[119] Fraglich bleibt schließlich, wer überhaupt als Homöopath gelten soll, ist doch von einer ganzen Reihe von Homöopathen überliefert, daß sie Allopathie und Homöopathie und manchmal noch weitere Verfahren nebeneinander ausübten.[120]

Zählt man all jene Ärzte zum Kreis der ärztlichen Homöopathen, von denen überliefert ist, daß sie routinemäßig eine homöopathische Behandlung anboten und zumindest an einem Teil ihrer Patienten durchführten,[121] so lassen sich in Bayern 1854, mit den genannten Vorbehalten, insgesamt 56 ärztliche Homöopathen namentlich nachweisen, großteils durch einschlägige Veröffentlichungen oder Unterschriften unter homöopathische Eingaben.[122] Selbst falls einige we-

---

[117] Vgl. Schlich/Schüppel 1996.
[118] Im Hinblick auf die Angaben im „Homöopathischen Führer" von V. Meyer wies etwa J.Fr. Baumann darauf hin, daß dort nur drei homöopathische Ärzte in seiner Gegend angegeben seien, doch wisse er von 12 weiteren, die ebenfalls mehr oder weniger ausgedehnt die homöopathische Heilmethode übten (Baumann 1869).
[119] So in Bayern etwa für Schwab und Mosthaff.
[120] Das gilt etwa für F.S. Widnmann oder auch für F.A. Ott (Widnmann 1828, S. 16; Ott 1842, S. 460; s.a. HStAM MInn 15403 zu Kunstmann, Kolb, Blumlein und Reichel).
[121] Ringseis, von dem dies nicht überliefert ist, wird deshalb hier beispielsweise nicht mitgezählt.
[122] Als Stichjahr wurde 1854 gewählt, weil hier erstmals eine namentliche Aufstellung aller bayerischen Ärzte – freilich ohne Angabe der allopathischen bzw. homöopathischen Praxis – veröffentlicht wurde (Oettinger 1854).Die betreffenden Ärzte seien auch hier wieder namentlich mit hauptsächlichem/n Wirkort/en und, soweit eruierbar, den Lebensdaten angeführt. Diese stammen in einzelnen Fällen aus gedruckten Nachrufen in der AHZ und anderen homöopathischen Periodika, weit überwiegend aber sind sie mittelbar aus den in unregelmäßigen Abständen in der Folgezeit veröffentlichten Aufstellungen über die bayerische Ärzteschaft entnom-

4 Professionalisierung und Institutionalisierung (1848-1870)

nige von diesen sich 1854, obschon ärztlich tätig, in ihrer Arbeit noch nicht oder nicht mehr des homöopathischen Verfahrens bedient haben sollten, errechnet sich bei einer Gesamtzahl von – etwas vorsichtiger gerechnet – rund 50 Homöopathen immer noch ein ungewöhnlich hoher Anteil von knapp 4% an der bayerischen Ärzteschaft insgesamt.[123]

4.3 Homöopathische Interessenpolitik

Die zahlenmäßige Stärke der ärztlichen Homöopathie und die besonders ausgeprägte Präsenz in der Hauptstadt München, dort also, wo die Gesundheits-

---

men; daher sind in diesen Fällen auch nur ungefähre Todesdaten angegeben (und im Einzelfall mag der Betreffende sogar nicht gestorben, sondern ausgewandert sein). Einzelne Geburtsdaten mußten aus dem Datum der Approbation geschätzt werden.
Von den 1833 als Homöopathen erwähnten Ärzten (vgl. Anm. 17) waren 1854 noch folgende 9 Ärzte aktiv: G.W. Reichel, L. Kunstmann, J.J. Reuter, J.J. Roth, A. Kolb, F.L. Schroen, F.L. Fleischmann, Fr. Pauli und K. Meuth; für die beiden Letztgenannten ist eine homöopathische Praxis allerdings nur durch einmaligen Hinweis in den 1830er Jahren belegt. Widnmann und Reubel waren gestorben; Mosthaff hatte sich von der Homöopathie abgewandt. Nicht mehr sicher als Ärzte in Bayern nachweisbar und somit vermutlich verstorben oder ausgewandert sind folgende 7 Ärzte: Chr. Ohlhauth, Schaffner, Schwab, Lang, K. Dapping, Blumlein, Hessert. Folgende Ärzte treten nun zudem als Homöopathen in Erscheinung:
A. von Krafft (1800-ca.1856); Ludwig Ditterich (München 1804-ca. 1873); Matth.? Trettenbacher (München 1805-ca.1884); Löchner (Dürkheim 1805-ca. 1891); Friedr. Schupp (Landau 1811-ca. 1860); Franz Andreas Ott (Pfaffenhofen/Mindelheim/Neu-Ulm/München 1799-ca. 1863); Philipp Schuhmann (Tittmoning/ Königshofen 1805-ca. 1879); Eduard von Grauvogl (Nürnberg/München 1811-1877, zunächst Allopath); Alois Pemerl (München/Rosenheim 1813-ca. 1866); Franz Josef Ott (Holzkirchen 1804-ca. 1856); Johannes E. Nusser (München/Augsburg 1811-1854); Oskar Mahir (München 1814-); Ludwig Durocher (Augsburg 1814-ca. 1878); Hermann Horn (München 1815-ca. 1885); Benedikt Osterrieder (Schwabmünchen 1808-mind. 1859); J. Georg Ferchl (Ruhpolding 1810-ca. 1861); Hieronymus Herold (München 1812); Karl Primbs (Militärarzt 1814-ca. 1883); Emanuel Aub (Ichenhausen/München 1811-ca. 1879?); Joseph B. Buchner (München 1813-1879); Ferdinand Reiser (München 1812-ca. 1860); Theodor Königshöfer (Weitlingen/Thurnau 1819-ca. 1880); Johann B. von Wenzl (München 1818-1862); Joh.? Kuchler (Wolnzach, Identität?); Jak. Fr. Baumann (Memmingen 1818-1879); Franz Grandaur (München 1822-1854); Johann B. Held (Reischach 1808-ca. 1895); Joh. Wilh. Groß (Oberstdorf/Regensburg 1819-1861) Jos. Steinbacher (München 1819-ca. 1868); Karl Gerster (Regensburg 1813-1892); Erhard Glas (Militärarzt 1829-ca. 1861); Jos. Anton Schneider (Kempten 1808-1885); Franz Sedlmaier (Ansbach?, ?-1874?); Peter Moser (München/Straubing 1822-ca. 1885); Max Quaglio (München 1828-1912); Jos. Anton Unsin (München/Landshut 1828-1896); Benno Seelmaier (Au/Vilsbiburg 1824-ca. 1891); Benedikt Riefler (Wertach 1805-ca. 1866, zunächst Allopath); Ferdinand von Wachter (Augsburg 1824-1906); Bernhard von Hartz (München, 1862); Max Schlosser (Militärarzt 1824-ca. 1861); Joh. Ev. Höss (Altomünster, ca. 1804-ca. 1862; wohl identisch mit Heß, Ilmmünster).
Sechs weitere Ärzte kommen hinzu, die zwar erst später als ausdrückliche Homöopathen aktenkundig werden, aber 1854 bereits promoviert waren, ohne daß eine anfängliche allopathische Tätigkeit völlig gesichert ist. Es handelt sich um Wilhelm Fruth (Oberstabsarzt 1814/15-ca.1895); Friedr. Nolde (Tittling/Pleinting 1821-ca. 1885); Franz X. Eberle (Affing/Bayreuth/Nürnberg 1829-1893); Anton Fuchs (1831-ca. 1902); Karl Scheglmann (Regensburg 1829-1898); Joseph Pay(e)r (Passau 1823-1901).
Ob Ferdinand Reubel (geb. 1805), der vor der Approbation als Assistent an der Münchner Heilanstalt wirkte, später je als Homöopath arbeitete, ist nicht überliefert.
[123] Oettinger 1854.

politik gemacht wurde, schufen zugleich die Voraussetzungen für eine vermehrte Institutionalisierung und Professionalisierung der bayerischen Homöopathie.

1849 erschien erstmals eine eigene bayerische homöopathische Fachzeitschrift, die „Allgemeine Zeitschrift für Homöopathie", herausgegeben von Nusser und Buchner. Sie hätte zu einem wirksamen Instrument der Festigung einer homöopathischen Gruppenidentität und der Koordinierung der politischen Bemühungen werden können, mußte das Erscheinen aber schon nach einem Jahr wieder einstellen. Offenbar gelang es nicht in ausreichendem Maße, außerbayerische Leser zu gewinnen.

Erfolgreicher war man in dem Bemühen um eine festere, vereinsmäßige Organisation. In anderen Staaten hatten sich die Homöopathen teilweise schon vor Jahrzehnten zusammengeschlossen. Der bayerische „Verein für physiologische Arzneimittellehre", dessen Statuten 1849 in der „Allgemeinen Zeitschrift" veröffentlicht wurden und dessen Ziel es sein sollte, „die Homöopathie scientifisch und staatsrechtlich zu fördern", scheint nie konkrete Formen angenommen zu haben.[124] Der 1853 gegründete „Verein für specifische Heilkunde der homöopathischen Aerzte Baierns" dagegen entfaltete bald rege Aktivitäten.[125] Zunehmend verstärkten sich auch die institutionellen Bindungen zur außerbayerischen homöopathischen Bewegung, vor allem zum „Zentralverein", der lange Zeit in Bayern kaum vertreten war. Eine wachsende Zahl bayerischer Homöopathen erwarb die Mitgliedschaft.[126] 1857 hatte mit J. B. Buchner in München erstmals ein bayerischer Homöopath den Vorsitz. 1862 traf man sich unter dem Vorsitz von Grauvogls in Nürnberg.[127]

Wie schon 1836 sicherte der Ausbruch der Cholera in München 1854 den Homöopathen die besondere Aufmerksamkeit von Öffentlichkeit und Behörden. Diesmal erhielten sie auch weit mehr als 1836 Gelegenheit, Cholerakranke zu behandeln, doch die erhoffte Wirkung auf die öffentliche Meinung blieb aus. Ein Münchner Homöopath, wahrscheinlich Johann Peter Moser (* 1822), machte zwar mit angeblich nur drei Todesfällen unter 200 Kranken Furore, doch selbst seine homöopathischen Kollegen vermuteten eine systematische Fehldiagnose einfacher Durchfallerkrankungen als Cholera. Nach Darstellung von Max Schlosser lag die durchschnittliche Letalität unter homöopathischer Behandlung in München zwischen 33,3 bis 43,75% und damit wesentlich höher als von den Homöopathen andernorts behauptet – wenn auch immer noch etwas niedriger als in den allopathischen Statistiken.[128]

---

[124] Statuten vom 10.4.1849 in AZH 2 (1850), S. 58f; der Verein sollte nicht nur Ärzten offenstehen.
[125] Verein für specifische Heilkunde 1858, S. 38; Meyer 1869, S. 82; AHZ 52 (1856), S. 72 und S. 104.
[126] Unter anderem wurden Baumann, Durocher, Grandaur, von Grauvogl, von Hartz, Herold, Pemerl, Quaglio, Schlosser, Schneider, Sedlmaier, Seelmair, Osterrieder und Trettenbacher Mitglied (AHZ 50 [1855], S. 142; AHZ 55 [1858], S. 18f, AHZ 65 [1862], S. 86; AHZ 70 [1865], S. 72 und 72 [1866], S. 48).
[127] Haehl 1929, S. 220.
[128] AHZ 49 (1855), S. 125-128.

4 Professionalisierung und Institutionalisierung (1848-1870)

Die politischen Bemühungen der Homöopathen beschränkten sich nun im übrigen zunehmend nicht mehr allein auf den Kampf gegen gesetzliche Einschränkungen und Benachteiligungen. Sie zielten vielmehr aktiv und energisch auf eine Verbesserung ihrer Stellung im Gesundheitswesen und an den Universitäten. Vier Forderungen standen im Mittelpunkt: 1. das volle Dispensierrecht, 2. die eigenständige Vertretung homöopathischer Interessen in den ärztlichen Gremien der Medizinalverwaltung, 3. die Einrichtung homöopathischer Lehrstühle und 4. die Gründung und staatliche Förderung homöopathischer Kliniken oder Krankenhäuser.[129] Die entscheidende Initiative ging dabei zunehmend von einer Gruppe jüngerer Homöopathen aus, vor allem von den beiden eben erwähnten Herausgebern der „Allgemeinen Zeitung für Homöopathie", J.B. Buchner und J.E. Nusser (der schon 1854 der Cholera erlag) sowie von L. Trettenbacher. Hatten die älteren Kollegen mit Reubel an der Spitze primär auf ihre persönlichen Beziehungen zu hochstehenden Beamten und Regierungsvertretern gesetzt, so ging die nachfolgende Generation verstärkt auf Konfrontationskurs. Die Formulierungen in den homöopathischen Zeitschriftenbeiträgen und der Umgangston im Schriftverkehr mit der Staatsverwaltung gewannen deutlich an Schärfe. Die aggressive Sprache der Eingaben und Gesuche hob sich nun zuweilen drastisch ab von dem an solcher Stelle üblichen Gestus der Unterwürfigkeit, wenn sie etwa heftig gegen den „Despotismus der medicinischen Hierarchie" polemisierten und die bayerischen Verordnungen als die „widersprechendesten" und „intolerantesten" aller Weltteile brandmarkten.[130]

Der Mobilisierung in den eigenen Reihen mochte das dienlich sein, doch politisch war es unklug. Ringseis, dem die Homöopathen bis dahin viel zu verdanken hatten,[131] reagierte zunehmend gekränkt. „Wenn eine Lehre u. Praxis, die noch 9 Zehntel der Sachverständigen gegen sich hat, vom Staat nicht verboten wird, so ist schon sehr viel bewilligt", meinte er mit unverhohlener Empörung. Er veranlaßte mehrfach amtliche Rügen an die Adresse von Nusser und Buchner, wegen der „hohlen Phrasen" und der „pöbelhaften Ausdrücke", mit denen sie über die herkömmliche Medizin herzogen.[132] Ende der 1850er Jahre ging er schließlich völlig auf Distanz und zog in seiner charakteristischen Art zur Begründung die Bibel heran: es sei schließlich nicht die Homöopathie, sondern „die *historische* Medizin, welche zu ‚ehren' die Hl. Schriften an mehreren Stellen gebieten".[133] Die Homöopathen hatten eine ihrer wichtigsten Stützen verloren.

---

[129] So etwa auch der Forderungskatalog, den Trettenbacher 1850 auf entsprechende Aufforderung der Regierungskommission zur Reorganisation des bayerischen Medizinalwesens vorlegte, die im Gefolge des bayerischen Ärztekongresses einberufen wurde (HStAM MInn 61966, „Bericht über die Wünsche und Ansprüche der Homöopathie" vom 22.1.1850).
[130] HStAM MInn 61965, Eingabe Buchners vom 20.10.1848.
[131] Das wurde selbst von seiten der AHZ eingeräumt (AHZ 48 [1854], S. 39).
[132] HStAM MInn 61965, Stellungnahme Ringseis'.
[133] HStAM MInn 61967, Gutachten Ringseis' vom 30.3.1857, Hervorh. im Original.

4.4 Der Fortgang des Dispensierstreits

Die umstrittenste und zugleich für den konkreten praktischen Alltag bedeutsamste Forderung der bayerischen Homöopathen gegenüber Regierung und Verwaltung blieb das volle Recht auf Selbstdispensation. Die Apotheker rannten weiterhin mit zahlreichen Eingaben gegen die geltenden Bestimmungen Sturm. Unter den allopathischen Ärzten regte sich nun zudem neben der konkreten Verärgerung über eine Bevorzugung der Homöopathen eine grundsätzliche, professionspolitisch motivierte Kritik an jeglicher ärztlicher Selbstdispensation und ihren manuellen, handwerksähnlichen Aspekten. Wollte man an der wachsenden Wertschätzung für die Wissenschaft teilhaben, dann galt es, klare Grenzen gegen Formen nicht-wissenschaftlicher, handwerklicher Praxis zu ziehen: „vor dem Kochheerd (sic) sitzen, Pillen drehen, Gläser waschen, das passt nicht für den wissenschaftlich gebildeten Arzt", brachte der oberpfälzische Arzt W. Brenner-Schäffer diese Haltung auf den Punkt.[134]

Die Homöopathen verwiesen dagegen weiterhin auf die besondere Kunstfertigkeit, die für die Anfertigung ihrer Mittel nötig sei, warnten vor einer Verfälschung der Mittel durch kleinste Mengen allopathischer Stoffe und hielten es für eine Zumutung, daß sie und ihre Patienten den allopathischen Apothekern als notorischen Feinden der Homöopathie Vertrauen schenken sollten. Der chemische Wirkstoffnachweis sei bei den hochverdünnten Mitteln unmöglich, und es wurden Berichte von Apothekern kolportiert, die sogar absichtlich den Wirkstoff weggelassen hätten, um sich anschließend über die Leichtgläubigkeit des homöopathischen Arztes lustig zu machen.[135]

Als weiteres, besonders öffentlichkeitswirksames Argument gewannen zudem die niedrigen Herstellungskosten verstärkt an Gewicht. Sie erlaubten es den Homöopathen, sich mit ihrer Forderung nach Selbstdispensation zugleich als Vertreter der Interessen der Armen und Minderbemittelten darzustellen.[136] Der Regierungspräsident von Oberbayern hatte schon 1838 das volle Recht auf homöopathische Selbstdispensation gefordert, „da gerade für arme Leute, wie die Landbewohner größtentheils sind, diese Kurmethode ihrer bedeutenden Wohlfeilheit wegen von den (sic) größten Nutzen ist."[137] Besorgt über die wachsende Verarmung der ländlichen und städtischen Unterschichten ordnete König Max II. sogar höchstpersönlich das Innenministerium an, eine Eingabe der

---

[134] Brenner-Schäffer 1848, S. 273. Nicht alle Allopathen teilten freilich diese Auffassung; vereinzelt gab es sogar die Forderung nach weitgehender Freigabe für alle Ärzte.
[135] HMVGH 5 (1879), S. 59; s.a. bereits AZB 2 (1835), S. 196, Abdruck eines Schreibens von Preu und Reuter vom 2.1.1826, in dem sie, angeblich von einem allopathischen Kollegen gewarnt, einen entsprechenden Verdacht gegen den Nürnberger Apotheker Fleischauer äußerten.
[136] HStAM MInn 61965, Gesuch von Reichel, Schroen und Kunstmann vom 20.12.1849; s.a. AZH 1 (1848), S. 71.
[137] HStAM MInn 61964, Schreiben von Seinsheims zu einer Sitzung der Kammer des Inneren vom 23.1.1838.

4 Professionalisierung und Institutionalisierung (1848-1870)

Homöopathen in der Hinsicht zu überprüfen, „ob nicht etwa vom Standpunkte der Armenpflege aus dem hier gestellten Gesuche statt zu geben wäre."[138]

Tatsächlich scheint die mutmaßliche Wohlfeilheit der homöopathischen Mittel und damit verbunden die Hoffnung auf Schonung der örtlichen Armenkassen auch manchen Stadtmagistrat für die Homöopathie eingenommen zu haben. Die knapp 40 Mitglieder des Armenpflegschaftsrats des Bezirks Naila etwa nahmen den dortigen Homöopathen Reichel sogar mit persönlicher Unterschrift gegen die Angriffe eines örtlichen Apothekers in Schutz. Er habe nicht nur die „herrlichsten Erfolge in hunderten von Familien jeglichen Standes" erzielt, sondern seine Mittel zudem unentgeltlich dispensiert, während der Apotheker auch von Armen stets Bares verlange.[139]

Vor allem die Münchner Homöopathen taten sich im fortgesetzten Kampf um die Selbstdispensation mit zahllosen Eingaben hervor. Sie waren von den geltenden Beschränkungen am härtesten betroffen. Die Münchner Apotheker machten nämlich ihre frühere Drohung wahr und richteten gegen den erbitterten Widerstand der Homöopathen eine homöopathische Zentralapotheke ein. Ende 1851 wurde ihr Antrag genehmigt, und 1852 wurde die Zentralapotheke eröffnet.[140]

Die Münchner Homöopathen gaben nicht auf. In zahlreichen Beschwerdeschriften begannen sie umgehend, sich nunmehr über die Zustände in der Zentralapotheke und insbesondere über ihren Provisor zu beschweren. Sie forderten, an seiner Stelle eine Person ihres Vertrauens einzusetzen, der auch nicht von den allopathischen Apothekern abhängig sein dürfe.[141] Dies wurde jedoch abgelehnt, und obendrein untersagte man den Homöopathen, wie offenbar weithin üblich, Rezepte mit dem Vermerk „nach Bericht" und ohne genaue Einnahmeanweisung auszustellen.[142]

Zwischenzeitlich konnten die Homöopathen noch einen Teilerfolg erringen. 1854 erhielten sie die Erlaubnis zur Führung einer Handapotheke mit 12 von ihnen selbst vorgeschlagenen homöopathischen Mitteln für Notfälle, in Analogie zu einer entsprechenden Ermächtigung der allopathischen Ärzte aus dem Jahr 1846.[143] Sie entschieden sich für Aconit, Belladonna, Bryonia, Hepar sulph.

---

[138] HStAM MInn 61967, handschriftlicher Vermerk des Königs auf einem Gesuch Buchners vom 21.1.1857.
[139] HStAM MInn 61966, Protokoll der Versammlung des Armenpflegschaftsrats vom 20.1.1850; ähnlich auch HStAM MInn 61965, Klage des Apothekers Rücker in Hof aus dem Jahr 1847 über die Haltung des dortigen Stadtrats.
[140] Strauß 1854, S. 80. Die Angaben über die Entstehung von Zentralapotheken in anderen bayerischen Städten sind noch bruchstückhaft; die früheste scheint die 1846 gegründete Apotheke von Ferdinand Heß am Josephsplatz in Nürnberg gewesen zu sein; in Augsburg annoncierte später eine homöopathische Zentralapotheke zu St. Afra von J. N. Berger zugleich als „Versandtgeschäft homöopathischer Medicamente, Haus-, Thier- und Taschenapotheken, Bücher etc." und in Regensburg die Centralapotheke von Carl Hilber (vgl. deren jeweilige Annoncen in den HMVGH).
[141] HStAM MInn 61967, Gesuche vom 8.3. und vom 26.3.1854.
[142] HStAM MInn 61967, Schreiben an die Kreisregierungen vom 5.6.1854. Letzteres wurde allerdings auf die Proteste der Homöopathen hin wieder zurückgenommen.
[143] HStAM MInn 61967, Schreiben der Polizeidirektion München vom 31.8.1854.

calc., Ignatia, Ipecacuanha, Nux vomica, Phosphor, Pulsatilla, Rhus toxicodendron, Secale cornutum und Veratrum album.[144] Der Obermedizinalausschuß warnte daraufhin vor der Gefahr eines erneuten Mißbrauchs, da die vorgeschlagenen Mittel nach homöopathischer Lehre für die Behandlung der meisten Krankheiten bereits ausreichten und die Allopathen ihrerseits von dem Recht auf notfallmäßige Selbstdispensation ohnehin kaum Gebrauch machten.[145] Als dann auch die Münchner Polizeibehörden über eine erneute Zunahme der homöopathischen Selbstdispensation klagten, machte die Regierung die Verwendung der Notfallmedikamente von einer ausdrücklichen Begründung im Einzelfall abhängig.[146]

Die unermüdlich wiederholten Eingaben der Homöopathen auf völlige Freigabe der Selbstdispensation blieben auch in der Folgezeit wirkungslos.[147] Im Gegenteil: 1858 wurden die Apotheker gar von der Auflage befreit, einen eigenen Provisor zur Abgabe der homöopathischen Arzneien anzustellen. Nur die Urtinkturen durften sie in diesem Fall nicht selbst herstellen, sondern mußten sie von auswärts beziehen. Damit wurde auch an vielen kleineren Orten das bisher de facto beanspruchbare Recht auf Selbstdispensation hinfällig.[148] Bis dahin war es immerhin über rund 25 Jahre gelungen, dieses Recht und die damit verbundene, für die Wirkung in der Bevölkerung ganz wesentliche Privilegierung gegenüber den übrigen Ärzten in breitem Umfang zu verteidigen. Auf die mehr oder weniger vollständige Freigabe der homöopathischen Selbstdispensation in einer wachsenden Zahl anderer europäischer Staaten konnten die bayerischen Homöopathen freilich nur neidvoll blicken.[149]

4.5 Gesundheitspolitische Mitsprache

Die zweite zentrale Forderung der bayerischen Homöopathen, zur Wahrnehmung ihrer besonderen Interessen eigene Vertreter in die ärztlichen Gremien der Gesundheitsverwaltung auf Kreis- und Reichsebene entsenden zu dürfen, fand verhältnismäßig günstige Aufnahme. Im oberbayerischen Medizinalkomitee war die Homöopathie ohnehin durch Roth jahrelang vertreten und zudem war es in

---

[144] HStAM MInn 61967, Schreiben von Grandaur im Namen seiner Münchner Kollegen vom 23.6.1854 unter Bezug auf eine entsprechende Aufforderung vom 1.6.1854; Genehmigungsschreiben vom 27.7.1854.
[145] HStAM MInn 61967, Schreiben Ringseis' vom Februar 1855.
[146] HStAM MInn 61967, Schreiben an die Regierung von Oberbayern vom 18.3.1855; es bleibt allerdings fraglich, inwieweit dies tatsächlich in der Praxis eingehalten und vor allem kontrolliert wurde.
[147] HStAM MInn 61967; vor allem Buchner tat sich hier hervor und verwies dabei immer wieder auf die „Freiheit der Wissenschaft".
[148] AHZ 57 (1858), S. 159f.
[149] Vgl. etwa die Aufstellung des Grafen von Montgelas, wiedergegeben in PHZ 8 (1862), S. 11-14 und 23-25 (Anhalt-Cöthen 1822, Hessen 1833, Meiningen 1834, Preußen (nach entsprechendem Examen) 1843, Weimar 1846, Österreich 1847); Hannover (1860) und Württemberg (1866) folgten erst später (ebd.; PHZ 13 [1867], S. 15f).

Bayern allgemeine Praxis, Betroffenen jeweils Gelegenheit zu geben, sich über sie betreffende behördliche oder gesetzgeberische Maßnahmen zu äußern. So hatte man beispielsweise schon zuvor den Homöopathen selbst die Entscheidung überlassen, welches Arzneibuch sie bei der Einrichtung homöopathischer Apotheken zugrunde gelegt wissen wollten.[150]

Gegen eine generelle Vertretung der Homöopathie in den Gremien erhob Ringseis zunächst Einspruch; in manchen Kreisen, so meinte er, gebe es ja kaum Homöopathen. So blieb zunächst alles beim alten.[151] Nachdem aber eine Abordnung des neu gegründeten „Vereins für specifische Heilkunde" persönlich beim Innenminister vorgesprochen hatte, wurde im September 1853 immerhin festgelegt, daß für Fälle, in denen homöopathische Belange verhandelt wurden, ein Homöopath als zusätzliches Mitglied der Kreismedizinalkomitees bestimmt werden sollte.[152] Ein Ministerialentwurf von 1856 sah dann sogar ausdrücklich vor, daß bei „ahndenswertem Benehmen" eines Homöopathen kundige homöopathische Ärzte zur Beurteilung hinzugezogen werden sollten – ein Schritt in Richtung auf eine eigene homöopathische Standesgerichtsbarkeit und professionelle Autonomie.[153]

4.6 Die Lehrstuhlfrage

An den bayerischen Universitäten war die Homöopathie, wie bereits ausgeführt, schon seit 1831 vertreten, wenn auch offizielle Lehraufträge oder gar eigene Lehrstühle für Homöopathie fehlten.[154] Roth gab seine Dozentur 1841 wieder auf und Fleischmann ging 1848 als Gerichtsarzt nach Dillingen, doch waren mit G. Ludwig Ditterich (1804-1873), Hermann Horn (geb. 1815) und Oskar Mahir (1814-1895) drei weitere Dozenten an die Fakultät gelangt, die sich zwar jeweils auf anderen Fachgebieten ausgezeichnet hatten, aber zumindest im Falle von Mahir und Ditterich schon vor 1850 als Homöopathen gelten dürfen.[155]

Erste Vorstöße, die Homöopathie an den bayerischen Universitäten auch formell zu verankern, lassen sich bis in die 1830er Jahre zurückverfolgen. 1838 bat Friedrich Mosthaff in einem offiziellen Gesuch, man möge ihm die unentgeltliche Leitung der Säle für homöopathisch Behandelte am Allgemeinen

---

[150] HStAM MInn 61965, Schreiben des Innenministeriums an die Kreisregierungen vom 17.11.1843.
[151] HStAM MInn 61965, Votum Ringseis' vom 17.10.48 mit kurzen, in diesem Punkt zustimmenden Kommentaren von Walthers und Breslaus.
[152] Verein für specifische Heilkunde 1858, S. 48, zum Dekret vom 23.9.1853; AHZ 46 (1853), S. 256.
[153] HStAM MInn 61967, unsignierter und undatierter Entwurf für eine Ministerialentschließung vom Herbst 1856. Eine entsprechende Verordnung ließ sich allerdings bisher nicht nachweisen.
[154] Die Behauptung in der nicht selten unzuverlässigen AHZ 3 (1834), S. 112, der Erlanger Privatdozent Fleischmann habe „durch ein Königl. Ministerial-Rescript den Befehl erhalten, Vorlesungen über Homöopathie auf der dasigen Hochschule zu eröffnen", ist unbelegt und scheint wenig glaubhaft.

Krankenhaus übertragen, von deren bevorstehender Eröffnung er gehört habe, und ihm zugleich eine Privatdozentur an der Universität verleihen. Doch die Krankenhausdirektion wehrte sich entschieden. Es sei nicht Aufgabe klinischer Lehranstalten, „für jedes neu auftauchende System Experimente im Großen zu machen", sondern die Studenten vielmehr „mit den durch die Jahrhunderte erprobten Heilmethoden und Grundsätzen bekannt zu machen" und „in der Regel nur solche Arzneien anzuwenden, welche bereits hinreichend erprobt sind". Die Regierung folgte dem Votum.[156] 1844 wurde eine ähnliche Bitte des ehemaligen Münchner Privatdozenten für Chirurgie, F. A. Ott, um Verleihung eines Extraordinariats oder einer Honorarprofessur für Homöopathie ebenfalls abgelehnt.[157]

Doch in den Jahren danach wandelte sich die Lage. Als 1848 Karl Gerster um die Genehmigung bat, sich in München für Vorlesungen über Homöopathie habilitieren zu dürfen, wurde dieser Bitte nach Befürwortung durch die Fakultät entsprochen.[158] Gerster blieb dann aus unbekannten Gründen in Regensburg. Doch nun bewarb sich J.B. Buchner seinerseits nicht mehr wie bei früherer Gelegenheit als Universitätslehrer für Kinder- und Frauenkrankheiten oder gar Veterinärmedizin, sondern forderte offen eine Professur für Homöopathie an einer eigens zu errichtenden homöopathischen Klinik. Fakultät und Senat äußerten sich ablehnend. Es fehle nicht nur an den nötigen Geldmitteln, sondern angesichts der bekannten homöopathischen Neigungen von Ditterich und Mahir gebe es auch keinen Bedarf. Auf jeden Fall müsse sich Buchner erst einmal habilitieren.[159] Als wenig später, im Juli 1850, die erste Kammer des bayerischen Landtags einstimmig den Antrag des Grafen von Arco-Valley unterstützte, die Regierung möge zur Einrichtung eines homöopathischen Lehrstuhls und

---

155 Vgl. die Redebeiträge von Ringelmann und von Seinsheim in VKR 1850, Bd. 8, S. 386 und S. 392; Mahir, seit 1844 Privatdozent, setzte sich vor allem für eine eigenständige universitäre Verankerung der Psychiatrie ein (UAM Senat E II 486), wird aber bereits 1843 als Unterzeichner einer homöopathischen Petition aktenkundig (HStAM MInn 61965, Gesuch vom 2.3.1843); Ditterich befaßte sich unter anderem mit Balneologie (UAM Senat E II 437); Horn hatte sich 1844 in Würzburg für Physiologie habilitiert und wechselte 1845 nach München (UAM E II 145); inwieweit er tatsächlich als vollständig überzeugter Homöopath gelten darf, bleibt unklar. Ed. Schnizlein, den Busse (Busse 1978) ebenfalls zu den Vertretern der Homöopathie an der Münchner Universität zählt, grenzte sich als Anhänger von Hydropathie und Naturheilkunde klar gegen die Homöopathie ab und behandelte dementsprechend die Cholera in gänzlich unhomöopathischer Weise (vgl. Schnizlein 1854). Inwieweit Ringseis homöopathische Inhalte wenigstens in gewissem Maße in seine Vorlesungen über die Arzneimittellehre einfließen ließ, ist nicht bekannt.
156 StA Obb RA 15523, Schreiben der Krankenhausdirektion vom 4.2.1838 auf ein Gesuch Mosthaffs vom 26.6.1837 (ebd.); Schreiben des Innenministeriums an die Regierung von Oberbayern vom 23.2.1838. Die Möglichkeit, derartige homöopathische Säle einzurichten, war tatsächlich nur vage diskutiert worden.
157 UAM E II 230, Gesuch vom 30.4.1844 mit ablehnendem Bescheid vom 13.8.1844.
158 UAM E II 93, Gesuch vom 24.6.1848 und Zusageschreiben des Innenministeriums, Abteilung für Schul- und Kirchenangelegenheiten, vom 7.10.48 an den Senat.
159 UAM Senat E II 428, Personalakte Buchner mit Senatsbeschluß vom 18.3.1850. Auch Mahir und Horn hatten sich teilweise schon mehrfach erfolglos um Professuren beworben, ohne auf ihre homöopathischen Interessen und Kenntnisse zu verweisen.

einer dazugehörigen Klinik aufgefordert werden, wies die Abgeordnetenkammer den Antrag trotz einzelner Fürsprecher zurück, offenbar unter dem Druck ihrer allopathisch gesinnten ärztlichen Mitglieder.[160] Doch Buchner ließ nicht locker. 1851 veröffentlichte der Würzburger Homöopath Chr. Ohlhauth ein Verzeichnis der Veröffentlichungen Buchners, in dem er ausführlich Buchners herausragende wissenschaftliche Qualifikation unterstrich.[161] Vermutlich nutzte Buchner zudem auch seine persönlichen Beziehungen. Im Oktober 1851 hatte er jedenfalls sein Ziel wenigstens teilweise erreicht: er wurde zum Honorarprofessor an der Münchner Universität mit „Zuweisung des Lehrfaches der Homöopathie" ernannt.[162]

Es war ein beachtlicher Erfolg. Erstmals war die Homöopathie nunmehr offiziell durch eine eigens hierfür ernannte Lehrkraft an einer bayerischen Universität vertreten. Allerdings sind auch Einschränkungen zu machen. Buchners Lehrtätigkeit war unentgeltlich – ein Gehalt hätte er nur als außerordentlicher oder ordentlicher Professor beziehen können, doch seine diesbezüglichen Gesuche in den nachfolgenden Jahren wurden abgelehnt.[163] Dazu war die Homöopathie nicht verpflichtender Lehrinhalt oder gar, wie später in Württemberg, Prüfungsgegenstand. Das hatte weitreichende Konsequenzen für den Lehrerfolg Buchners und seiner homöopathisch gesinnten Fakultätskollegen. Denn hier ist zugleich auf ein drohendes Mißverständnis hinzuweisen: der Blick auf das Vorlesungsverzeichnis allein genügt nicht, um die Bedeutung der Homöopathie an einer Fakultät zu ermessen. Schon 1841 hatte Roth, wie bereits erwähnt, seine Dozentur wegen mangelnder Zuhörerschaft wieder abgeben müssen, und Buchner scheint es nicht wesentlich besser gegangen zu sein. Als er 1863 um eine staatliche Auszeichnung ersuchte, bemerkte der Universitätssenat, daß ausweislich der Hörerlisten „die Lehrtätigkeit des Genannten wegen mangelnder Theilnahme von Seite der Studirenden nie auch nur eine einigermaßen bemerkenswerthe hat sein können". Immerhin befragte man sicherheitshalber die Fakultät, ob Buchner wenigstens in dem einen oder anderen Semester gelesen habe, „wenn auch vor noch so wenigen Zuhörern". Man erhielt die – allerdings etwas übertriebene – Antwort, Buchner habe „nicht die geringste akademische Wirksamkeit".[164] 1859 hatte bereits Hermann Horn seine Dozentur wieder verloren. Nach Mitteilung des Senats hatte er seit 1846 nur in vier Semestern Zuhörer gefunden und ansonsten regelmäßig angekündigt, „ohne jedoch irgend

---

[160] VKR 1850. Bd. 8, S. 386-393; VKA 1849/50, Bd. 6, S. 492-499; HStAM MInn 53584, handschriftlicher Antrag des Abgeordneten Wolfsteiner vom 7.12.1851, mit rückblickenden Bemerkungen.
[161] Ohlhauth 1851.
[162] UAM Senat E II 428, Schreiben des Innenministeriums, Abteilung für Kirchen- und Schulangelegenheiten, vom 21.10.1851.
[163] UAM E II 428.
[164] UAM Senat E II 428, Stellungnahme des Senats vom 4.2.1863 und der Fakultät vom 2.2.1863. Aus den Informationen der Fakultät ging genau genommen hervor, daß sich in den vorangegangenen Semestern teilweise immerhin wenigstens eine Handvoll Studenten eingeschrieben hatte.

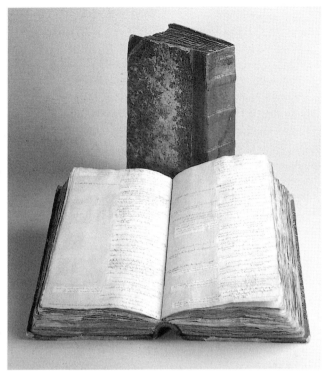

Abb. 7: Homöopathisches Repertorium Samuel Hahnemanns
(Quelle: Institut für Geschichte der Medizin der Robert Bosch
Stiftung, Stuttgart)

ein Auditorium zu Stande zu bringen."[165] 1873 wurde schließlich auch Mahir von der Liste der Privatdozenten gestrichen, weil er über mehrere Semester keine Vorlesungen mehr abgehalten habe.[166] Daß freilich, wie manche Homöopathen klagten, der ein oder andere Student den homöopathischen Lehrveranstaltungen nur deshalb fernblieb, weil er Unannehmlichkeiten von seiten der übrigen Professoren befürchtete, ist nicht auszuschließen.

4.7 Die zweite Münchner homöopathische Heilanstalt

Die vierte zentrale Forderung der bayerischen Homöopathen, die nach Einrichtung einer homöopathischen Klinik, wurde in deutschen Homöopathenkreisen

---

[165] UAM E II 145, Senatsschreiben vom 10.8.1859 und Schreiben des Innenministeriums, Abt. f. Kirchen- und Schulangelegenheiten vom 29.9.1859; konkreter Anlaß der Überprüfung war im Fall Horns Verwicklung in diverse Raufhändel.

[166] UAM Senat E II 486, Aktenvermerk vom 17.5.1873; eine individuelle Begründung fehlt – die Enthebung betraf alle Dozenten, die seit wenigstens 4 Semestern nicht gelesen hatten; Mahir war damals erst 60 Jahre alt, so daß Altersgründe weitgehend ausscheiden.

4 Professionalisierung und Institutionalisierung (1848-1870)

um die Jahrhundertmitte allenthalben wieder verstärkt erhoben.[167] Sie stellte sich für das weitere Schicksal der Homöopathie als besonders wichtig dar, denn eine eigene Klinik versprach ein hohes Maß an Öffentlichkeitswirkung und eröffnete die Möglichkeit, die kontinuierliche praktische Ausbildung des homöopathischen Nachwuchses zu sichern.

Der Antrag der Kammer der Reichsräte auf staatliche Förderung homöopathischer Kliniken von 1850 wurde allerdings, wie bereits erwähnt, zusammen mit der Forderung nach einem Lehrstuhl von der Kammer der Abgeordneten zurückgewiesen. Ende 1851 stellte der Abgeordnete Pfarrer Wolfsteiner einen modifizierten Antrag: die Regierung möge unter Verzicht auf eine eigens zu besoldende Professur jährlich 3000 fl für ein kleines homöopathisches Krankenhaus mit 24 Betten zur Verfügung stellen.[168] Diese Lösung war zwar erheblich billiger, doch die Chancen auf ihre Verwirklichung kaum besser. Während die Finanzierung der Universitätseinrichtungen immerhin unbestritten Sache des Staates war, wurden gewöhnliche Heilanstalten grundsätzlich nicht aus Staatsmitteln, sondern von Stiftungen oder von Städten und Gemeinden finanziert. Der Landtag übermittelte den Antrag der Regierung denn auch lediglich mit der Bitte um „Würdigung", ohne sich ausdrücklich hinter ihn zu stellen.[169]

Da erhielt Wolfsteiner unerwartete Unterstützung. Der Provinzialvikar der Barmherzigen Brüder bot der Regierung nicht nur an, die Pflege in einem solchen Haus zu übernehmen, sondern verwies auch auf das beachtliche Spendenaufkommen des Ordens und stellte die Zinsen von 40.000 fl Kapitalien in Aussicht, die der Orden in Österreich angelegt habe.[170] Doch die Regierung von Oberbayern mit ihrem Medizinalreferenten Lippl holte zu diesem Angebot ausschließlich Stellungnahmen von zwei nur beschränkt zuständigen, dafür aber als notorische Gegner der Homöopathie bekannten Institutionen ein, bei der Direktion des Allgemeinen Krankenhauses und beim Münchner Stadtmagistrat. Beide lehnten das Vorhaben erwartungsgemäß ab. Der Magistrat warnte vor den unvermeidlichen Zwistigkeiten unter den Ärzten, wenn das geplante Spital als Teil des Allgemeinen Krankenhauses geführt werde, was gar nicht Gegenstand des Antrags war. Gegen eine eigene Anstalt, wo der hingehe, der „das nöthige Zutrauen zu schenken im Stande ist", hatte man keine grundsätzlichen Einwände, doch wehrte man sich gegen eine Einführung der Barmherzigen Brüder in München. Sie würden nur mit den Barmherzigen Schwestern, die im Gegensatz zu den Brüdern beide Geschlechter pflegten, um Spenden konkurrieren. Zudem sei die Pflege eine weibliche Bestimmung und in den Häusern der Barmherzigen Brüder herrsche oft Sittenlosigkeit.[171] Einseitig verkürzend teilte die Regierung von Oberbayern dem Innenministerium daraufhin mit, daß der Antrag wegen der Gefährdung der ärztlichen Eintracht eine klare Abweisung er-

---

[167] AHZ 42 (1851), S. 113-120, Beitrag von Rummel.
[168] VKA 1851, Bd. 3, S. 9 und S. 4, S. 211-237 sowie Beilagenband 4, S. 6-8.
[169] VKA 1851/52, Bd. 4, S. 231-237.
[170] HStAM MInn 53584, Schreiben vom 24.3.1852; s.a. Braun 1976, S. 108.
[171] Stadtarchiv München 300, Stellungnahme vom 8.6.1852.

fahren habe. Man verwies stattdessen auf die Pfründneranstalt St. Johann, der mit einer Pflege durch die Barmherzigen Brüder und deren Kapitalien womöglich gut gedient wäre.[172]

So waren die bayerischen Homöopathen letztlich doch auf private Gönner und Geldmittel angewiesen, eine Hürde, an der schon manches ähnliche Unternehmen andernorts gescheitert war. Doch tatsächlich gelang es den Münchner Homöopathen bereits Ende der 1850er Jahre, eine homöopathische Heilanstalt zu eröffnen – und dies obwohl sie sich den Weg dorthin mit inneren Querelen selbst erschwerten.

Die teilweise widersprüchlichen zeitgenössischen Angaben zur Entstehungsgeschichte der Anstalt lassen noch manche Fragen offen,[173] doch scheint den ersten Anstoß 1855 der „Verein für specifische Heilkunde" gegeben zu haben. Anläßlich der Feiern zu Hahnemanns hundertstem Geburtstag wurde dort im April 1855 auf Anregung von Alois Pemerl die Errichtung eines homöopathischen Krankenhauses mit zunächst sechs Betten beschlossen. Statuten wurden entworfen, Spendenaufrufe verfaßt, Gelder gesammelt.[174]

Einige Monate darauf stellten Buchner und sein Assistent Max Quaglio ihrerseits einen Antrag auf Gründung einer homöopathischen Poliklinik in München. Genauer gesagt, beantragten sie die Wiedereröffnung jener Einrichtung, die Reubel, wie Buchner an anderer Stelle erläuterte, nach der Schließung des Choleraspitals erst in der Fürstenfelder und dann in der Neuhauser Straße geführt habe. 1845 habe Reubel diese ihm, Buchner, übergeben, der sie mit verschiedenen jüngeren Assistenten weiter geführt habe. Insgesamt 12.000 Patienten seien dort im Laufe von 23 Jahren behandelt worden.[175] Unklar ist freilich, inwieweit, beziehungsweise ob sich die Einrichtung von einer gewöhnlichen Privatpraxis mit einem Assistenten unterschied – möglicherweise durch eine kostenlose Behandlung. Vermutlich wollten die beiden ihrem Gesuch vor allem angesichts der bereits angelaufenen Bemühungen des „Vereins" eine zusätzliche Legitimation verleihen. Eine Rede, die Buchner als Präsident vor der Versammlung des Zentralvereins in München gehalten hatte, wurde 1857 mit dem Vermerk versehen „Wird zum Besten von Hofrath Reubel's homöopathischer Heilanstalt verkauft."[176]

Obwohl Buchners und Quaglios Antrag zunächst abgelehnt wurde, machten die beiden zusammen mit dem frisch promovierten Anton Unsin bereits im

---

[172] HStAM MInn 53584, Schreiben vom 23.6.1852.
[173] Vgl. denn auch die von der folgenden Darstellung stellenweise etwas abweichende Einschätzung der zum Teil widersprüchlichen Quellenangaben bei Eppenich 1995.
[174] AHZ 50 (1855), S. 55f; ZHK 6 (neue Zählung 2)(1857), S. 183.
[175] UAM Senat E II 428, Gesuch vom 13.2.1856; HStAM MInn 61967, abschlägiger Bescheid des Innenministeriums vom 15.7.1856 nach Befragung der Fakultät; AHZ 58 (1859), S. 86-88, Rückblick von Buchner. A. Braun zufolge (Braun 1984) soll Joseph Buchner schon 1851 einen privaten Krankenhausverein ins Leben gerufen haben. Er gibt jedoch keine Quellen an und es wäre völlig unverständlich, warum Buchner in diesem Prioritätsstreit die Gründung eines solchen Vereins hätte unerwähnt lassen sollen.
[176] Buchner 1857, Titelblatt.

August 1856 eine Poliklinik in der Sendlingerstraße auf.[177] Im ersten Jahr nach der Eröffnung behandelten sie 277 Patienten.[178] Doch es sollte nur der Anfang sein. Im Juli 1858 kaufte Buchner ein Haus in der Wiesenstraße 6, der heutigen Königinstraße, „zum Zweck eines homöopathischen Spitals mit involvirter Poliklinik".[179] Schon bald darauf konnte man mit 13 Betten den Betrieb aufnehmen, im April 1859 folgte die offizielle Genehmigung der Regierung.[180] Im ersten Jahr behandelte man 33 Kranke stationär und weitere 257 ambulant.[181] In den folgenden Jahren stiegen die Fallzahlen weiter an.[182]

Die Mehrzahl der Münchner Homöopathen, die sich im „Verein für specifische Heilkunde" zusammengeschlossen hatten, waren verständlicherweise mehr als ungehalten über Buchners Initiative. Seinen Versuch, sich als legitimen Nachfolger Reubels in der Leitung von dessen angeblicher Poliklinik darzustellen, verurteilten sie als Lüge, und Reubels Sohn Ferdinand gab ihnen darin Recht.[183] Bitterlich beklagten sie im übrigen, daß durch Buchners Initiative „unsere eigene und frühere Unternehmung zu verdrängen und zu hintertreiben gesucht wird."[184] Im Gegensatz zu Buchner, der über eigenes Vermögen und beste Beziehungen zu höchsten Gesellschaftskreisen verfügte, war es ihnen nicht gelungen, die Mittel zusammenzutragen, die für den Unterhalt einer derartigen Anstalt notwendig waren. Die Existenz von Buchners Anstalt wiederum erschwerte das Werben um Spenden für eine zweite Einrichtung ganz erheblich. Der „Verein" mußte sich vorläufig mit der Gründung einer homöopathischen „Ordinationsanstalt" begnügen. In ihr wurden 1863 60, 1864 98 und 1865 bereits 158 arme Kranke kostenlos behandelt.[185] Das Ziel der Errichtung einer eigentlichen Krankenanstalt gab man dennoch nicht auf. Ein eigener „Verein

---

[177] AZH 57 (1858), S. 62-64; AZH 58 (1859), S. 86-88; PHZ 2 (1856), S. 79.
[178] AHZ 56 (1858), S. 71f.
[179] Das Haus wurde später von dem Nachbesitzer, dem Maler Franz Defregger, abgerissen und durch eine Villa ersetzt, die ihrerseits im Krieg zerstört wurde (Braun 1976, S. 110).
[180] AHZ 57 (1858), S. 136; AHZ 58 (1859), S. 62-64, Erwiderung von Max Quaglio auf Vorwürfe des „Vereins für specifische Heilkunde"; das genaue Eröffnungsdatum ist nicht überliefert, doch reichen Buchners und Quaglios Berichte über ihre poliklinische Arbeit bis zum September 1858, was die Eröffnung im Oktober 1858 nahelegt.
[181] AHZ 59 (1859), S. 168.
[182] Vgl. die regelmäßigen Jahresberichte in der AHZ.
[183] AZH 57 (1858), S. 136; AZH 58 (1859), S. 7, S. 62-64 und S. 86-88, Beiträge des Vereins für specifische Heilkunde, Max Quaglio, Jos. Unsin und J.B. Buchner; NZK 4 (1859), S. 115, „Schlusswort zu dem Münchner Spitalstreite"; das hier vorgebrachte und auch von Eppenich (Eppenich 1995) übernommene Argument, Buchners Version könne schon deshalb nicht stimmen, weil Buchner erst 1853, also nach dem Tode Reubels die Honorarprofessur und damit die Voraussetzung für die Führung einer Poliklinik erworben habe, beruht allerdings auf falschen Voraussetzungen. Nicht nur wurde Buchner, wie erwähnt, schon 1851 zum „Ehrenprofessor" ernannt; es ist auch keine Verordnung auffindbar, die die Eröffnung einer Poliklinik von der Habilitation abhängig gemacht hätte, eine Notwendigkeit, die auch Buchner selbst ausdrücklich und somit nach meinem Wissensstand zu Recht bestritt (AHZ 58 [1859], S. 86).
[184] NZK 4 (1859), S. 115f.
[185] AHZ 68 (1864), S. 80; AHZ 70 (1865), S. 72; AHZ 72 (1866), S. 48; aufgrund der Zählung der Rechenschaftsberichte – der siebente betraf beispielsweise das Jahr 1865 – ist die Gründung offenbar auf Ende 1858 oder 1859 zu datieren und geschah so vermutlich in Reaktion auf Buchners erfolgreiche Initiative.

für homöopathische Heilzwecke" unter der Leitung von Trettenbacher wurde zu diesem Zweck gegründet.[186] Vermutlich konstituierte er sich aus den Münchner Mitgliedern des „Vereins für specifische Heilkunde". In den folgenden Jahren trat jedenfalls er – und nicht der „Verein für specifische Heilkunde" – als Herausgeber der Rechenschaftsberichte der „Ordinationsanstalt" auf.[187] Zu einer eigenen stationären Einrichtung des Vereins ist es jedoch nie gekommen.

Buchners Anstalt dagegen florierte. Zahlreiche Sach- und Geldspenden, darunter auch Zuwendungen von Ludwig II. und der Königin-Mutter Marie, erlaubten es sogar, Überschüsse zu erwirtschaften.[188] So recht glücklich wurden die verantwortlichen Ärzte dennoch nicht mit ihrer Anstalt. Die hochfliegenden Erwartungen an den wissenschaftlichen Ertrag und die Hoffnung auf den öffentlichen Beweis der Überlegenheit homöopathischer Behandlung wurden enttäuscht. Schon bald klagten sie, es seien „nicht die rechten Patienten", die zu ihnen kämen: „Krebskranke, deren uns voriges Jahr 3 starben, Leute mit unheilbaren Herz- und Lungenleiden suchen ein Plätzchen, um die letzten Tage ihres Lebens in stiller Ruhe zu verbringen. Das ist doch zu viel verlangt, lauter Unheilbare aufzunehmen, obwohl es gegen das Gefühl der Menschlichkeit verstösst, sie nicht aufzunehmen."[189] Und in den Jahresberichten der folgenden Jahre kehrte die Klage fast regelmäßig wieder, „dass viele unbemittelte chronische Kranke und Unheilbare im Spitale Verpflegung suchen", ja, „dass unser Spital häufigst von Leuten benutzt wird, die einen ruhigen Platz zum Sterben wünschen".[190] Bald sah man sich gezwungen, solchen Menschen die Aufnahme zu verweigern.[191] Platzmangel war freilich offenbar nicht das Problem, denn die Nachfrage von seiten heilbarer Kranker war gering. Quaglio und Buchner selbst sprachen von vergleichsweise „winzigen Zahlen".[192] So wurden beispielsweise 1867/68 nur 1258 Pflegetage für 65 Patienten geleistet. Bei 13 Betten war die Anstalt damit im Durchschnitt nicht einmal zu einem Drittel ausgelastet.[193] Ende der 1870er Jahre waren es gar nur mehr um die 35 Patienten jährlich.[194] Gleichzeitig reduzierte man unter Hinweis auf die schon von privatärztlicher Seite gesicherte ambulante Versorgung und den prekären wissenschaftlichen Ertrag auch den poliklinischen Betrieb.[195] Das Geheimnis der hervor-

---

[186] Teilweise ist in den zeitgenössischen Quellen auch von einem – offenbar identischen – „Verein für homöopathische Heil*pflege*" die Rede (z.B. AHZ 82 [1871], S. 184); zuweilen sprach man auch nur kurz vom „Trettenbacherschen" Verein.
[187] AHZ 70 (1865), S. 72; 1868 hatte der „Verein für homöopathische Heilpflege" immerhin bereits 5700 fl gesammelt und zinstragend angelegt (AHZ 76 [1868], S. 96).
[188] AHZ 75 (1868), S. 206-208; AHZ 94 (1877), S. 79f.
[189] AHZ 74 (1867), S. 15f.
[190] AHZ 77 (1868), S. 192; AHZ 98 (1879), S. 6.
[191] AHZ 75 (1868), S. 206-208.
[192] AHZ 98 (1879), S. 6.
[193] Berechnet nach AHZ 77 (1868), S. 192.
[194] AHZ 94 (1877), S. 79f (1876: 30 Patienten); AHZ 96 (1878), S. 46 (1877: 37); AHZ 98 (1879), S. 6 (1878: 34).
[195] AHZ 75 (1868), S. 206-208; der eigentliche Grund war vermutlich der Erfolg der Ordinationsanstalt des konkurrienden „Vereins", an der wenigstens vier Münchner Ärzte mitarbeiteten (AHZ 82 [1871], S. 184).

genden finanziellen Verhältnisse der Anstalt war somit bis zu einem gewissen Grad, daß man bei anhaltendem Spendenfluß das Geld einfach nicht ausgab.

Über selbständige Einrichtungen zur homöopathischen Behandlung an anderen bayerischen Orten ist für die Zeit vor 1870 wenig bekannt. 1858 meldete F. A. Ott in Neu-Ulm die Eröffnung einer „Homöopathischen Besuchsanstalt für kranke Kinder des ersten Lebensalters von armen und bedürftigen Eltern", womit er jedoch vermutlich nichts anderes anbot als deren kostenlose Behandlung in seiner eigenen Praxis. Von einer zweiten stationären Einrichtung, St. Joseph in Regensburg, wurde 1876 berichtet. Sie wurde als Privatanstalt für kranke und arbeitsunfähige weibliche Dienstboten in den 1840er Jahren von einem Fräulein Apollonia Diepenbrock gegründet und nach deren Tod im Jahr 1880 der Aufsicht des Domkapitels unterstellt. Seit wann dort homöopathisch behandelt wurde, ist nicht überliefert, doch soll die Anstalt mindestens seit 1876 und bis zu dessen Tod im Jahr 1898 unter der ärztlichen Leitung des Regensburger Homöopathen Dr. Scheglmann gestanden haben.[196]

4.8 Innere Spannungen

Angesichts der zahlenmäßigen Stärke und der beachtlichen Erfolge oder doch wenigstens Teilerfolge in der Verwirklichung zentraler Anliegen, von der offiziellen Etablierung der Homöopathie an der Universität bis hin zur Errichtung einer eigenen Heilanstalt mit solider finanzieller Grundlage, lassen sich die 1850er Jahre mit einigem Recht als das goldene Jahrzehnt der bayerischen Homöopathie bezeichnen. Wie bereits die Entstehungsgeschichte der zweiten Münchner homöopathischen Heilanstalt andeutete, machten sich mit der Konsolidierung nach außen allerdings auch Spannungen in den eigenen Reihen verstärkt bemerkbar, Spannungen, an denen grundlegende Unterschiede in den Auffassungen über Inhalt und Methode der Homöopathie offenbar entscheidenden Anteil hatten.

Spätestens seit den heftigen Auseinandersetzungen zwischen Hahnemann und seinen Leipziger Schülern Anfang der 1830er Jahre war die Geschichte der Homöopathiebewegung immer wieder von teilweise massiven theoretischen und, nicht selten damit verbunden, persönlichen Differenzen unter ihren führenden Vertretern geprägt. Zwei Hauptströmungen lassen sich hier grob voneinander trennen. Da waren auf der einen Seite die klassischen Homöopathen, die Hahnemannianer im engeren Sinne, die die Auffassungen Hahnemanns mehr oder weniger wortgetreu übernahmen und in die Praxis umsetzten. Auf der anderen Seite standen die „freien" oder später „naturwissenschaftlichen" Homöopathen, die Hahnemanns Lehre nicht als festgefügtes Dogma gelten lassen wollten, sondern auf ihre Weiterentwicklung bedacht waren. Insbesondere der

---

[196] HMVGH 2 (1876), S. 25; PZH 29 (1898), S. 14; StAR ZR I 3307; das Haus bot Platz für sieben bis acht Patientinnen.

Potenzenlehre und der Psoratheorie standen sie nicht selten mit Skepsis gegenüber. Später wollten sie vielfach auch neuere Ergebnisse aus der übrigen medizinischen und naturwissenschaftlichen Forschung integrieren und das primär symptomgeleitete Vorgehen Hahnemanns durch die Suche nach krankheits- und/oder organspezifischen Heilmitteln ergänzen.[197]

Vertreter beider Strömungen finden sich auch in der Geschichte der bayerischen Homöopathie, wobei über weite Strecken die „freien" Homöopathen den Ton angaben. Dies hatte seine wichtigste Ursache vermutlich in den äußeren Rahmenbedingungen. Persönliche Beziehungen zu Hahnemann im Sinne eines Lehrer-Schüler-Verhältnisses spielten ja in der Entwicklung der Homöopathie in Bayern – im Gegensatz zu Sachsen – kaum eine Rolle. Stattdessen bestimmten besonders in der Anfangszeit Ärzte mit einer mehr oder weniger langjährigen allopathischen Erfahrung das Bild, die sich einen dementsprechend freieren Umgang mit den Auffassungen Hahnemanns erlauben konnten.

So verteidigte F. S. Widnmann schon in den 1820er Jahren zwar das „Simile"-Prinzip und die Wirksamkeit kleinster Arzneigaben gegen die Angriffe der Gegner, wollte aber auch „allopathische" beziehungsweise „enantiopathische" Verfahren nicht gänzlich aufgeben. Auch diese hätten ihre Behandlungserfolge, und er verargte es Hahnemann „dass er [...] so unbedingt und unbändig auf die ganze seit Jahrtausenden existierende Medizin schimpft, über die Aerzte aller Zeiten bei jeder Gelegenheit loszieht" und damit auf der Gegenseite wiederum nur Polemik anstelle einer ernsthaften Auseinandersetzung provoziere.[198] „Der Arzt soll Eklektiker seyn!", forderte er gar an anderer Stelle.[199] Als der „reinste Eklektiker" sah sich auch F. A. Ott und wollte das Studium der Homöopathie keinesfalls auf die Lektüre „des blosen, längst veralteten Organons Hahnemann's, des ersten Erklärungsversuches" beschränkt wissen.[200] Auch Chr. Ohlhauth betonte, er sei wohl „ein aufrichtiger Verehrer Hahnemann's, keineswegs aber ein blinder Nachbeter desselben".[201] F.L. Schroen wurde gar einer der führenden Vertreter der „freien" Homöopathie in Deutschland.[202]

Bis in die 1840er Jahre kamen derartige inhaltliche und methodische Differenzen in Bayern jedoch kaum offen, in der unmittelbaren Auseinandersetzung zum Ausdruck. Man arbeitete und schrieb, so scheint es, mehr oder weniger nebeneinander her, ohne in einen Dialog einzutreten. Für diesen fehlte ohnehin das geeignete Forum und angesichts der kleinen Zahl und der geographischen Streuung der ärztlichen Homöopathen in Bayern mag das Interesse an der gemeinsamen Sache alle Differenzen weit überwogen haben.

---

[197] Vgl. Tischner 1932-39; Jacobi 1996; Jütte 1996.
[198] Widnmann 1823, S. 15.
[199] Widnmann 1828, S. 4.
[200] Ott, Praktische Randbemerkungen 1842, S. 439f.
[201] Ohlhauth 1836, S. 194.
[202] Schroen 1834 und 1837; er veröffentlichte auch zahlreiche Beiträge in der „Hygea"; s.a. Tischner 1936, S. 48f.

4 Professionalisierung und Institutionalisierung (1848-1870)

Mit dem Erstarken der Bewegung und der zahlenmäßigen Zunahme der homöopathischen Ärzte vor allem in der Hauptstadt des Königreichs, änderte sich die Lage jedoch. Bei der Gründung des „Vereins für specifische Heilkunde" wurden die inneren Spannungen offensichtlich. Dessen Name war zugleich Programm. Die primäre Bezugnahme auf die „specifische" statt „homöopathische" Heilkunde – nach langer Diskussion befürwortet – mußte zugleich als Signal verstanden werden: mit dieser Namenswahl drückten die Vereinsgründer ihre Nähe zu den Vertretern der „freien" Homöopathie und deren Bemühen um krankheits- und organspezifische Ansätze aus.

Zum Beitritt aufgerufen, lehnten mit Roth, Mahir, Nusser, Buchner, Quaglio und Gerster führende bayerische Homöopathen die Mitgliedschaft ab, teilweise ausdrücklich unter Hinweis auf den gewählten Vereinsnamen.[203] Es ist anzunehmen, wenn auch im Rückblick nicht mehr anhand von Zitaten nachweisbar, daß ihre Abneigung gegen die Tendenz des „Vereins" auch maßgeblich an Buchners und Quaglios Entschluß beteiligt war, die Errichtung einer eigenen Anstalt voranzutreiben. War doch der neu gegründete Verein, in Buchners verächtlichen Worten, „aus den heterogensten Elementen aller Heilmethoden componirt",[204] so daß die Achtung vor den Prinzipien der klassischen, Hahnemann'schen Homöopathie dort nicht gesichert schien.

Buchners erfolgreiche Konkurrenz bei der Einwerbung von Spendengeldern vergiftete dann die Atmosphäre weiter, und indem der „Verein für specifische Heilkunde" die Konzession für eine zweite homöopathische Zentralapotheke beantragte, mit deren Erlös er eine homöopathische Heilanstalt finanzieren wollte, fiel er seinerseits wiederum Buchner und jenen anderen Kollegen in den Rücken, die solchen „Zwangsdispensieranstalten" jegliche Berechtigung absprachen und mit großem Einsatz für das volle Recht auf Selbstdispensation kämpften. Schließlich trugen Buchner und Trettenbacher als die führenden Vertreter der beiden Parteiungen ihre Fehde aus nichtigem Anlaß sogar in die Lokalpresse hinein.[205]

---

[203] AHZ 49 (1855), S. 18-20 (einleitende Worte von Gerster über die Cholera in Regensburg); AHZ 58 (1859), S. 86; auch Kunstmann, Gross, Durocher und Sedlmaier blieben dem Verein fern.
[204] AHZ 58 (1859), S. 86.
[205] AHZ 71 (1865), S. 6f; Buchner hatte in einer Schrift über den „Genickkrampf" dessen Identität mit dem „Rückfallfieber" behauptet, woraufhin Trettenbacher ihm öffentlich vorwarf, er verbreite mit seinen falschen Behauptungen unnötig Angst und Schrecken in der Bevölkerung.

5 Auf dem Weg ins 20. Jahrhundert (1870-1914)

Blieb in der Münchner „Szene" Buchner mit seinen hervorragenden Beziehungen auch in den folgenden Jahren die beherrschende Figur, so verfügte die bayerische Homöopathie mit Eduard von Grauvogl nun auch wieder auf wissenschaftlichem, publizistischen Gebiet über einen Vertreter, der mit seinen Werken weit über die bayerischen Grenzen hinauswirkte. Von Grauvogl bemühte sich insbesondere systematisch darum, die Homöopathie an die aufkeimende naturwissenschaftliche Medizin nach 1850 heranzuführen und ihren Prinzipien mit modernen Theorien und Verfahren wie der Elektrometrie und Spektralanalyse eine „naturgesetzliche Begründung" und damit zugleich zusätzliche Plausibilität zu verleihen. Dieses Bemühen stieß auch auf manche Kritik, doch vor allem seine Lehre von der Bedeutung der verschiedenen Körperkonstitutionen, die dem regelhaften Gang vieler akuter Krankheiten zugrunde lagen, wurde in der Folgezeit zum festen Bezugspunkt der homöopathischen Diskussion.[206]

In der praktischen Gesundheitsversorgung dagegen finden sich, nach dem starken Zuwachs bis in die 1850er Jahre hinein, allmählich Zeichen einer gewissen Stagnation, eines zunehmenden Bedeutungsverlusts der Homöopathie in Bayern, meßbar vor allem an dem kontinuierlichen Rückgang der Zahl der praktizierenden homöopathischen Ärzte. Waren für das Jahr 1854 noch mehr als 50 Homöopathen nachweisbar, so rechnete man, bei gleichzeitig starkem Anstieg der Zahl der allopathischen Ärzte, selbst in Homöopathenkreisen 1875 nur noch mit 36 homöopathischen Ärzten in Bayern, und selbst diese Zahl war womöglich noch zu hoch gegriffen.[207] Trotz der Honorarprofessur Buchners und den Ausbildungsmöglichkeiten an der Münchner Anstalt war es nicht mehr gelungen, unter den jüngeren Ärzten ausreichenden Nachwuchs zu gewinnen, und auch unter den älteren allopathischen Kollegen sind keine Übertritte mehr überliefert. Für die Homöopathen, die durch Alter oder Tod ausschieden, fand sich kein ausreichender Ersatz mehr.[208]

Die Datenüberlieferung für die folgenden Jahrzehnte ist besonders lückenhaft. In der homöopathischen Publizistik bleiben manche weniger bekannte Ärzte völlig unerwähnt. Die vollständigste Aufstellung bietet für die Zeit nach der Jahrhundertwende wohl das „International homoeopathic directory" von 1911/12. Es führt für Bayern 25 Homöopathen namentlich auf. Nur ein weiterer, hier nicht aufgeführter Homöopath läßt sich darüber hinaus anderen zeitgenössischen

---

[206] Von Grauvogl 1860 und 1866; s.a. Czech 1996, S. 67-85. Von Grauvogl unterschied eine hydrogenoide, von großem Feuchtigkeitsgehalt geprägte Konstitution, eine oxygenoide mit erhöhter Aktivität des Sauerstoffs und entsprechendem Verbrauch oxydabler Stoffe, und eine carbinitrogene, mit Überwiegen von kohlenstickstoffhaltigen Substanzen.
[207] HMVGH 1 (1875), S. 73.
[208] Eine ganz analoge Entwicklung konstatiert, etwa ab 1870, für Italien Lodispoto 1987.

Quellen entnehmen.[209] Von rund 4% im Jahr 1854 war der Anteil der Homöopathen so mit insgesamt 26 Ärzten bei einer Gesamtzahl von nunmehr 3.428 Ärzten (1914) in Bayern auf rund 0,7% gesunken.

5.1 Auseinandersetzungen mit der „Schulmedizin"

Die schwindende Bedeutung der Homöopathie in Bayern war neben dem wiedergewonnenen Selbstvertrauen der allopathischen Medizin vermutlich zugleich ein wichtiger Grund dafür, daß sich in den letzten Jahrzehnten des 19. Jahrhunderts die Auseinandersetzungen der Homöopathen mit den allopathischen Ärzten deutlich entschärften. Zudem hatte die Einführung der Kurierfreiheit im Rahmen der neuen Gewerbeordnung des Deutschen Reichs eine tiefgreifende Neuordnung auf dem Markt für medizinische Dienstleistungen zur Folge: Jedermann konnte sich nun auch gewerbsmäßig mit der Diagnose und Behandlung von Krankheiten befassen, ohne eine förmliche medizinische Ausbildung nachweisen zu müssen. Den verschiedensten Spielarten medizinischer Laienpraxis war damit die Tür geöffnet. Die Aufmerksamkeit der akademischen Ärzteschaft richtete sich nun verstärkt auf die zahlenmäßig und ökonomisch bedeutsamere Konkurrenz vor allem der volksmedizinischen „Kurpfuscher" und der Naturheilpraktiker. Der Druck auf die Homöopathie ließ nach. Selbst in homöopathischen Kreisen sprach man 1904 rückblickend von „langen Jahren ruhigen Nebeneinanderarbeitens, in denen es jedermann freistand, sich nach seiner Fasson kurieren zu lassen."[210]

Einzelne Konfliktpunkte blieben freilich brisant. In der Frage der homöopathischen Selbstdispensation deutete sich zunächst eine gewisse Erleichterung für die bayerischen Homöopathen an. Paragraph 367, Abs. 3 des deutschen Strafgesetzbuchs verbot zwar bereits die bloße Überlassung von Giften und Arzneimitteln; doch das Apothekergesetz von 1875 war von zwei Listen mit jenen rund 160 Mitteln begleitet, die ausschließlich von Apothekern abgegeben werden

---

[209] Roberson Day/Hoyle 1911/12, S. 48-69. Es handelt sich (unter Bereinigung einiger Schreibfehler) um Andreas Glaeser (Amberg), Anton Kimpel (Augsburg, geb. 1854), Georg Wimmelbacher (Bamberg), Josef Dannemann (Landshut geb. 1856), Emil Fries (Lindenberg), Schleglmann (Mering bei Augsburg), Carl Hayer (Metten), Hans Groß (Nürnberg geb. 1870), Karl Kiefer (Nürnberg geb. 1862), Raimund Gerster (Regensburg geb. 1866), Carl Niedermeier (Regensburg geb. 1861), Meyerl (Rosenheim), Hoerrner (St. Ingbert), Hans Schlickenrieder (Schwabhausen), Hitzelberger (Sonthofen), Marz (Sulzbach bei Kempten), C. Bosch (Weissingen bei Dillinen), Becker (Wiesau, König-Otto-Bad) sowie in München Johann Böck(h) (geb. 1894), Julius Fuchs (geb. 1853), Max Quaglio, Martin Schlegel (geb. 1878), Karl Stauffer (geb. 1870), Carl Vogt und Adolf Wachter. Unerwähnt blieb der im Ärztlichen Handbuch für Bayern von 1914 als Homöopath geführte William Rumpelt (München geb. 1869).
[210] Verein 1904, S. 3.

durften, und homöopathische Mittel waren hier nicht ausdrücklich genannt.[211] In Regensburg legte Karl Gerster erfolgreich Berufung ein gegen seine Verurteilung wegen unerlaubter Medikamentenabgabe. Gestützt auf ein Gutachten der Erlanger medizinischen Fakultät konnte er sich mit der Auffassung durchsetzen, daß die von Zuckerbäckern hergestellten homöopathischen Streukügelchen keine „Pillen" im Sinne des Apothekergesetzes seien.[212] Auf das gleiche Gutachten und die Ergebnisse einer zweiten Analyse durch einen Münchner Chemiker gestützt gelang es 1880 in zweiter Instanz auch die Freisprechung von Peter Moser vor dem Bezirksgericht Straubing durchzusetzen.[213]

Die Freude über den Erfolg sollte freilich nicht lange anhalten. Hämisch konnte die gegnerische Seite nun öffentlichkeitswirksam darauf verweisen, daß die Homöopathen nach eigenem Eingeständnis Zuckerbäckerware als angebliche Medikamente verkauften, und Gerster sollte gar wegen Betrugs aus dem ärztlichen Bezirksverein ausgeschlossen werden.[214] Obendrein wurde Gerster wenig später erneut wegen illegaler Medikamentenabgabe zur Verantwortung gezogen und diesmal auch in zweiter und dritter Instanz schuldig gesprochen. Nicht die chemische Nachweisbarkeit, so die Begründung, sondern die Form und die von Gerster ausdrücklich zugestandene medikamentöse Verwendung der homöopathischen Mittel waren dabei ausschlaggebend.[215]

Zur Jahrhundertwende hin entflammte die Auseinandersetzung zwischen Homöopathen und Allopathen in Bayern kurzfristig auch wieder auf inhaltlicher Ebene. Auslöser war die Forderung nach Gründung eines eigenen Lehrstuhls für Homöopathie an wenigstens einer der drei bayerischen Universitäten, die 1896 erneut im Landtag erhoben wurde und schließlich 1902 in beiden Landtagskammern eine Mehrheit fand.[216] Seit Buchner seine Lehrtätigkeit Ende der 1860er Jahre einstellte,[217] war die Homöopathie an der Münchner Universität nicht mehr vertreten. Lediglich Köck soll für Interessierte homöopathische Vorlesungen angeboten haben. Da er nicht habilitiert war, können diese jedoch, wenn überhaupt, nur in privatem Kreise stattgefunden haben.[218]

---

[211] PHZ 19 (1888), S. 58f; Weber 11 (1889), S. 364-443, Polizeistrafgesetz, hier S. 437 und ders. 12 (1890), S. 51-60, bayerische Verordnung, die „Zubereitung und Freihaltung von Arzneien betr." vom 25.4.1877, wo wiederum auf die Tabellen B und C der Pharmacopeia germanica verwiesen wird.
[212] HMVGH 4 (1878), S. 57-63 und S. 65-69; die Erlanger Fakultät nahm nicht ausdrücklich Partei; sie beschränkte sich auf die Feststellung, daß in den Streukügelchen chemisch keine anderen Stoffe nachweisbar seien als in gewöhnlicher Zuckerbäckerware.
[213] HMVGH 6 (1880), S. 9.
[214] HMVGH 4 (1878), S. 95; ebd. 5 (1879), S. 17-21 und S. 36f; ein weiterer Grund waren freilich auch seine heftigen Angriffe gegen pockenschutzimpfende Kollegen.
[215] Ausführlich dokumentiert, mit Abdruck der Urteilsbegründung in HMVGH 6 (1880), S. 17-19, S. 25-29, S. 33-36 und S. 49-52 sowie in StAR ZR I 2984.
[216] VKA 1900, Bd. 4, S. 131-133, Antrag von Landmann und Stellungnahme des Ministers; UAM 140, Schreiben des Innenministeriums, Abt. f. Kirchen- und Schulangelegenheiten vom 25.1.1897 und vom 26.1.1901; MMW 49 (1902), S. 1319-1321 und S. 1406.
[217] Busse 1978.
[218] PHZ 11 (1880), S. 99.

5 Auf dem Weg ins 20. Jahrhundert (1870-1914)

Abb. 8: Ausschnitt aus Hahnemanns Taschenapotheke (Globuli) (Quelle: Institut für Geschichte der Medizin der Robert Bosch Stiftung, Stuttgart)

Die bayerischen Homöopathen selbst distanzierten sich zwar von der Forderung nach einem Lehrstuhl, den sie ohne zugehörige Klinik für sinnlos, wenn nicht gar schädlich erachteten.[219] Doch die gegnerische Seite sah sich durch die auch in anderen Staaten erkennbare Tendenz hin zu einer erneuten öffentlichen Aufwertung der Homöopathie herausgefordert. In der „Münchener Medizinischen Wochenschrift" veröffentlichte Adam J. Kunkel eine vernichtende Grundsatzkritik der homöopathischen Prinzipien und warf auch der „naturwissenschaftlich-kritischen" Richtung in der Homöopathie Mißachtung der nachweislichen stofflichen Gebundenheit von Krankheit und gänzliche wissenschaftliche Unfruchtbarkeit vor. Günstige Ergebnisse unter homöopathischer Behandlung schrieb er, so wie Kritiker dies von Anfang an getan hatten, dem natürlichen Krankheitsverlauf und der Kraft der Suggestion zu. Medizinstudenten dürfe man keinesfalls auf diesen Irrweg führen.[220]

---

[219] AHZ 152 (1906), S. 54-56 (Raimund Gerster).
[220] Kunkel 1902. Die Befürworter der Homöopathie konterten im Landtag mit dem Hinweis auf die Situation in den Vereinigten Staaten, wo sie – Beweis ihrer von Kunkel bestrittenen Wissenschaftlichkeit – an zahlreichen amerikanischen Universitäten vertreten sei.

Kunkels Beitrag wurde in den folgenden Jahren zum festen Bezugspunkt allopathischer Homöopathiekritik. Die Münchner Homöopathen reagierten 1904 ihrerseits mit der Gründung eines „Vereins der homöopathischen Ärzte Bayerns". Seine Mitglieder traten geschlossen dem „Zentralverein" bei[221] und verpflichteten sich auf das Ziel, „unsere wissenschaftliche und soziale Stellung gegen jeden weiteren Angriff mit aller Schärfe zu verteidigen."[222] In einer Gegenschrift, als deren eigentlicher Verfasser der Nürnberger Arzt Karl Kiefer verantwortlich zeichnete, machten sie sich unter dem Titel „Homöopathie, ein Wort zur Aufklärung und Abwehr" daran, die Argumente Kunkels zu widerlegen und verwiesen ihrerseits auf die ständigen Veränderungen und Kehrtwendungen in der „schulmedizinischen" Therapie.[223] Die Schrift wurde im Jahr darauf auch vom Centralverein in 10.000 Exemplaren an vorwiegend jüngere allopathische Kollegen verteilt und soll, nach homöopathischer Darstellung, zu einer deutlichen Entspannung der Lage beigetragen haben.[224]

Weiteres Öl in die hitzige Debatte goß in jenen Jahren der Redakteur der „Münchener Medizinischen Wochenschrift". In einer Notiz über einen Ruf an die Universität Leyden bezeichnete er den bekannten Schweizer Homöopathen Ernst Mende als „Kurpfuscher". Mende erhob daraufhin Beleidigungsklage. Der Prozeß, von den Münchner Tageszeitungen verfolgt, führte zum öffentlichen Schlagabtausch zwischen Anhängern und Gegnern der Homöopathie, und endete mit einem Sieg für die Homöopathen. Da der verantwortliche Redakteur sich weigerte, seine Aussage zurückzunehmen, verurteilte ihn das Gericht wegen Beleidigung.[225]

5.2 Die dritte Münchner homöopathische Heilanstalt

An der Münchner homöopathischen Heilanstalt führten die verantwortlichen Ärzte ihre Arbeit in den 1870er Jahren zunächst kontinuierlich fort, wenn auch unter zunehmender Einschränkung des poliklinischen Betriebs. Als Buchner jedoch Ende 1879 verstarb, kam es zum überraschenden Eklat. Wie sich nun herausstellte, war das Spitalsgebäude entgegen den Erwartungen Max Quaglios und der übrigen Vereinsmitglieder auf Buchners Namen eingetragen und ging

---

[221] AHZ 153 (1906), S. 57f.
[222] Verein 1904, S. 3; AHZ 152 (1906), S. 54-56.
[223] Verein 1904.
[224] Wapler 1932, S. 137; s.a. Tischner 1932-39, S. 711.
[225] Vgl. PHZ 35 (1904), S. 114.

an dessen Erben über.[226] Das Spital mußte daraufhin schließen, die Erben verkauften das Haus umgehend.[227]

Schon 1880 konstituierte sich der alte, von Buchner 1859 gegründete Spitalverein neu, nicht zuletzt, um als dessen Rechtsnachfolger wenigstens die Ansprüche auf das verbliebene Kapitalvermögen notfalls auch gerichtlich verteidigen zu können. Dieses Vermögen reichte freilich für die Einrichtung einer neuen Anstalt nicht aus, und die meisten der 360 Mitglieder des alten Vereins hatten sich offenbar verärgert oder enttäuscht abgewandt und wollten sich nicht nochmals engagieren. Nurmehr 60 von ihnen traten dem rekonstituierten Verein bei, und neue Mitglieder ließen sich nur langsam gewinnen.[228] Da brachte eine großzügige Spende der Fürstin Julie von Oettingen-Wallerstein in Höhe von 51.000 Mark die entscheidende Wende. Schon im November 1883 konnte eine neue Anstalt eröffnet werden, in der heutigen Paul-Heyse-Straße im Klinikviertel, in Nachbarschaft des Pettenkoferschen Hygieneinstituts. Das einstöckige Haus mit einem kleinen Garten verfügte zeitgenössischen Schilderungen zufolge zunächst über 11 – nach anderen Angaben über 14 – Betten. Die ärztliche Leitung übernahmen kostenlos Max Quaglio und Karl Köck. Die Pflege verrichteten Franziskanerinnen aus Mallersdorf.[229]

1884 brachte der ehemals konkurrierende Trettenbacher'sche „Verein für homöopathische Heilzwecke", der, wie schon erwähnt, offenbar 1858 oder 1859 aus dem „Verein für spezifische Heilkunde" hervorgegangen war, sein Vermögen von 25.525 Mark in den Spitalsfond ein.[230] 5.000 sollten der poliklinischen Arbeit zugute kommen, die in der Folgezeit einen immer größeren Stellenwert einnahm. Insgesamt wurden vom Spitalsverein von 1886 bis 1906 14.578 Arznei-

---

[226] In Kreisen des Centralverbands beklagte man daraufhin, daß Buchner „sein Andenken unter uns mit einem solchen Flecken beschmutzt hat" (AHZ 101 [1880], S. 65-67, hier S. 66), doch die Angaben über die tatsächlichen Hintergründe sind widersprüchlich. Einerseits scheint die – auch in der AHZ abgedruckte – Darstellung von Carl Wibmer aus dem Jahre 1862 unwidersprochen geblieben zu sein, derzufolge Buchner bei Gründung der Anstalt „ein angehöriges Haus" entsprechend eingerichtet hatte (Wibmer 1862, S. 213). Andererseits hieß es im letzten, von Buchner und Quaglio unterzeichneten Jahresbericht für das Jahr 1878 im Hinblick auf das Gesamtvermögen von fast 26.000 Mark, dies sei „eine erkleckliche Summe, da wir mit Nichts angefangen und ein Haus erwarben, für das uns schon 20000 fl. geboten wurden" (AHZ 98 [1879], S. 6). Die Frage ist freilich, ob Buchner an der Abfassung dieses letzten Jahresberichts wirklich selbst beteiligt war und dieser nicht bloß auch seinem Namen von Quaglio abgesandt wurde; Buchner war in den letzten Jahren leidend (AHZ 99 [1879], S. 174f, Nachruf). Da der Spitalsverein keine Korporationsrechte besaß, hätte das Haus allerdings auch dann nicht auf ihn eingetragen werden können, wenn es aus seinen Mitteln gekauft worden wäre. Daß Buchner selbst von einer Fortführung der Anstalt nach seinem Tode ausging, ist im übrigen mehrfach belegt, und daß er nicht hinreichend dafür Sorge trug, daß diese Weiterführung gesichert wurde, war ihm aus homöopathischer Sicht auf jeden Fall zum Vorwurf zu machen (AHZ 101 [1880], S. 102f, Mitteilung von Köck; PHZ 11 [1880], S. 81).

[227] AHZ 101 (1880), S. 102, Mitteilung von Köck. Der Kassier verweigerte die Herausgabe des Vermögens und die Witwe Buchners verzichtete auf gerichtliche Schritte.

[228] AHZ 101 (1880), S. 102f, Mitteilung von Köck; Auf der Schwelle [1968], S. 3.

[229] AHZ 157 (1907), S. 156f; AHZ 107 (1883), S. 151; 1904 trat Boeck an die Stelle von Quaglio, und bald darauf wurde auch Köck durch Stauffer ersetzt (AHZ 157 [1908], S. 156f).

[230] PHZ 15 (1884), S. 143; AHZ 157 (1908), S. 156f; an der Spitze des Vereins standen nach dem Tod Trettenbachers nunmehr Fruth und Fuchs.

verordnungen kostenlos abgegeben.[231] Der Löwenanteil von 20.000 Mark aus dem Fonds des aufgelösten Vereins sollte dagegen für Stipendien verwendet werden, die es interessierten bayerischen Medizinern ermöglichten, sich mit der Homöopathie vertraut zu machen.[232] So legte man den alten Konflikt bei und bewahrte doch das Gesicht, denn die aus Buchners Initiative hervorgegangene Heilanstalt selbst wurde nicht unterstützt.[233]

Die finanzielle Grundlage des Spitals war schon zuvor hervorragend. Das Gebäude und seine Einrichtung hatten 24.549 Mark gekostet – gegenüber mehr als 70.000 Mark aus dem Fonds der Buchnerschen Anstalt und der Spende der Fürstin Julie von Oettingen-Wallerstein. Großzügige Legate kamen hinzu, beispielsweise 1.000 Mark von Oskar Mahir.[234] 1893 – nach anderen Angaben 1895 – nahm man einen zusätzlichen Anbau mit 4 Separatzimmern in Angriff.[235] 1906 betrug das Gesamtvermögen des Spitalsvereins 211.217 Mark, davon 93.727 Mark in zinstragenden Wertpapieren.[236]

Aus ärztlicher Sicht wurde das neue homöopathische Spital den Erwartungen freilich kaum besser gerecht als das alte. Die Zahl der Patienten blieb mit durchschnittlich zwischen 50 und 70 bescheiden. Dabei fanden nach Eingeständnis der Ärzte ohnehin neben den Armen und den wenigen Selbstzahlern „hauptsächlich die Dienstboten (Köchinnen etc.) der Vereinsmitglieder Aufnahme" – daher auch das für zeitgenössische Versorgungshäuser, nicht aber für Krankenhäuser typische, starke Überwiegen der weiblichen Patienten. Von der breiten Bevölkerung wurde die Einrichtung demnach offenbar kaum wahrgenommen.[237] Nach wie vor beklagten die Ärzte zudem den großen Anteil von Patienten mit chronischen, langwierigen Leiden, darunter viele, „welche schon bei soundsovielen allopathischen Aerzten vergeblich Hilfe gesucht haben".[238] Selbst Pflegefälle wurden vereinzelt versorgt: 1904 lagen vier Patienten das ganze Jahr über in der Anstalt.[239] Anstatt den öffentlichkeitswirksamen Beweis der Über-

---

[231] AHZ 157 (1908), S. 156f.
[232] Ein „Assistentenfond" war bereits um 1860 herum im Umfeld des Buchnerschen Spitalvereins gegründet worden. In der Folgezeit steuerten etliche bayerische Homöopathen zum Teil recht beachtliche Beträge zu diesem bei (AHZ 80 [1870], S. 20-22). Der Fond erreichte sein Ziel allerdings nicht, denn nur einer der unterstützten Ärzte ließ sich tatsächlich in Bayern als Homöopath nieder. Schließlich stellte man die Stipendienzahlungen ein (AHZ 157 [1908], S. 156f).
[233] Weitere 500 (bzw. vermutlich 525) Mark gingen an die Württemberger Hahnemannia.
[234] PHZ 15 (1884), S. 15.
[235] AHZ 157 (1908), S. 156f; Auf der Schwelle (1968), S. 4, Braun 1976, S. 112. Die resultierende Bettenzahl wird hier je unterschiedlich auf 20, 15 und 14 Betten angegeben.
[236] AHZ 157 (1908), S. 156f.
[237] AHZ 150 (1905), S. 106f; 1905 waren von 107 Patienten 72 Frauen (AHZ 152 [1906], S. 139-141), 1907 gar 69 von 76 (AHZ 157 [1908], S. 156f).
[238] AHZ 150 (1905), S. 106f.
[239] Zumindest was die ärztliche Leitung angeht, erscheint somit angesichts der unablässigen ärztlichen Klagen über die Überlastung mit chronisch Kranken die These von R. Eppenich (Eppenich 1995) etwas konstruiert, wonach man im katholischen München – im Gegensatz zum protestantischen Stuttgart, wo man die Münchner Verhältnisse kritisierte – den alten Spitalsgedanken stärker aufrecht erhalten habe. Das Haus wäre andernfalls offensichtlich oft fast leer gestanden.

legenheit homöopathischer Therapie antreten zu können, mußte man sich infolgedessen 1902 von schulmedizinischen Kritikern die eigenen Erfolgsstatistiken vorhalten lassen: danach war 1899 und 1900 die durchschnittliche Liegezeit im homöopathischen Spital mit 67 (1899) und 62 (1900) Tagen fast dreimal so lang wie im Krankenhaus links der Isar, dem ehemaligen Allgemeinen Krankenhaus, wo sie nur 22,6 beziehungsweise 21,9 Tage betrug. Und die Sterblichkeit betrug mit 13,2% beziehungsweise 9,1% teilweise mehr als das Doppelte der 5,1% und 4,9% im Krankenhaus links der Isar.[240]

5.3 Der Aufschwung der Laienhomöopathie

Erlitt die ärztliche Homöopathie einen wachsenden Bedeutungsverlust, so entfaltete die homöopathische Laienpraxis nach der Reichsgründung zunächst eine nie dagewesene Dynamik.[241] Die erwähnte Einführung der Kurierfreiheit schuf hier ganz neue Voraussetzungen. Wer sich früher ohne ärztliche Approbation mit der homöopathischen Krankenbehandlung befaßte, tat gut daran, dies möglichst im Verborgenen zu tun. So sind aus der Zeit vor 1870 nur vereinzelt Hinweise auf homöopathische „Kurpfuscher" überliefert. Der bekannteste von ihnen war der Commorantpriester Max von Schenk (ca. 1815-1879) im oberbayerischen Osterwarngau. Er erwarb sich eine sehr ausgedehnte Praxis, nachdem er um 1848 seine geistlichen Ämter niederlegte und sich sogar gegen bischöfliches Verbot nurmehr ausschließlich und angeblich unentgeltlich der homöopathischen Krankenbehandlung widmete und homöopathische Mittel dispensierte. Unter den Gebirgsbewohnern soll er sich großes Zutrauen erworben haben und in Prinz Karl von Bayern fand er einen einflußreichen Gönner, der ihm sogar eine Equipage schenkte.[242] Auch andernorts scheinen es am ehesten noch die Geistlichen gewesen zu sein, die sich nebenbei als Homöopathen betätigten.[243]

Nach Einführung der Kurierfreiheit durfte jedermann ohne förmliche Ausbildung und staatliche Approbation die Heilkunde – und damit konkret auch die Homöopathie – wie eine beliebige andere melde- und steuerpflichtige Tätigkeit gewerbsmäßig betreiben. So mancher Bader und Chirurg und eine noch größere Zahl von Laien wußte die neue Gesetzeslage zu nutzen. Sie begannen

---

[240] MMW 49 (1902), S. 1319, Fußn.; auf diese Zahlen wurde von gegnerischer Seite auch in den Landtagsdebatten hingewiesen. Zur weiteren Geschichte, die unter diversen Umzügen, Umbenennungen und Trägerwechseln bis zum heutigen Krankenhaus für Naturheilweisen im Münchner Stadtteil Harlaching reicht, vgl. Auf der Schwelle (1968), S. 3-8 (mit Abbildungen) und Braun 1976.

[241] Schon 1865 war zudem das Verbot jeglicher homöopathischer Behandlung durch das unterärztliche Personal wieder entfallen, so daß die Absolventen der Landärzte-, Bader- und Chirurgenschulen schon von diesem Zeitpunkt an chirurgische Fälle und äußerliche Krankheiten auch homöopathisch behandeln durften.

[242] Vgl. die Nachrufe in HMVGH 5 (1879), S. 82f und PHZ 10 (1879), S. 137; Schenk soll mit den Münchner Homöopathen Quaglio und Köck wissenschaftlichen Verkehr gepflegt haben.

[243] *General-Bericht über die Sanitäts-Verwaltung im Königreiche Bayern*. Bd. 7, die Jahre 1868 und 1869 umfassend. München 1872, S. 106.

in der näheren und weiteren Umgebung homöopathische Krankenbehandlungen zu übernehmen. Ganz ohne Risiko war dies allerdings gerade für die Homöopathen nicht. Die eigenhändige Zubereitung oder Abgabe von Medikamenten blieb grundsätzlich verboten, und zahlreiche „Kurpfuscher" wurden in der Folgezeit wegen Verstoßes gegen die betreffenden Verordnungen mit Geldstrafen belegt. Bei ungünstigem Krankheitsverlauf drohte sogar noch Schlimmeres: starb der Patient nämlich unter der Behandlung, so gaben die Gerichte wiederholt dem „Kurpfuscher" auf der Grundlage (allopathischer) ärztlicher Expertisen hieran die Schuld, befanden auf fahrlässige Tötung und belegten den Heiler mit Gefängnisstrafe.[244]

Zahlenmäßig läßt sich das Ausmaß homöopathischer Laienbehandlung auch nach der Einführung der Kurierfreiheit nur ungefähr erfassen. Vor allem die Grenzziehung zwischen gelegentlicher Hilfe im Kreis der Nachbarn und Bekannten und einer mehr oder weniger ausgeprägten beruflichen, gewerbsmäßigen Ausübung der Homöopathie ist schwierig. Eine grobe Vorstellung über die Dimensionen des Phänomens bietet jedoch eine statistische Erhebung, die das bayerische Innenministerium von 1874 an alljährlich anstellen ließ. Die rund 250 Bezirksärzte wurden aufgefordert, ihren Jahresberichten von nun an eine Aufstellung sämtlicher zur Ausübung der Heilkunde nicht approbierter Heiler in ihrem Bezirk beizufügen.[245] Diese Angaben wurden dann für jeden Kreis (Regierungsbezirk) tabellarisch zusammengestellt und zu einer Gesamtstatistik vereinigt. Vor allem anfänglich vermuteten Ärzte und Kreisregierungen noch eine erhebliche Dunkelziffer,[246] später zeigten sie sich aber dann doch recht zuversichtlich, das Gros der „Kurpfuscher" erfaßt zu haben.

Anhand der erhobenen Daten lassen sich für Anfang 1875 im gesamten Königreich 106 homöopathische „Kurpfuscher" nachweisen, also Laienhomöopathen und homöopathietreibende Bader und Chirurgen zusammengerechnet; davon waren 99 Männer und 7 Frauen. Der Anteil der Laienhomöopathen an der Gesamtzahl von 1.156 „Kurpfuschern" lag damit bei knapp 10%.[247] Unter den „Kurpfuschern" insgesamt standen jene, die sich ohne entsprechende formelle Ausbildung mit der gewöhnlichen allopathischen Behandlung innerer Krankheiten befaßten, die Geheimmittel abgaben oder mit Sympathie- und

---

[244] Vgl. die diversen Berichte über solche Begebnisse in der LPZ (z.B. LPZ 10 [1879], S. 22), die sich vor allem für die Interessen der Laienhomöopathen einsetzte.

[245] HStAM MInn 61355, Anweisung vom 22.7.1873; auch die ärztlichen Bezirksvereine sollten entsprechende Meldung erstatten, was sie jedoch nur vereinzelt taten.

[246] HStAM MInn 61355; so hieß es etwa aus Niederbayern mit seinen immerhin 196 „Kurpfuschern": „daß diese Ziffer weit hinter der Wirklichkeit zurücksteht, ist von den meisten amtlichen Ärzten anerkannt und zweifellos." Insbesondere das heilkundliche Wirken von Sympathieheilern und Geistlichen, so hieß es auch von anderer Seite, sei vermutlich ausgedehnter, und manche Bezirksärzte hätten sich auch nur unzureichend bemüht, entsprechende Angaben beizubringen und teilweise sogar völlige „Fehlanzeige" gemeldet, obwohl etliche „Kurpfuscher" in ihrem Bezirk notorisch seien.

[247] Majer 1876; HStAM MInn 61355. Diejenigen „Kurpfuscher", die bloß die sogenannten „elektrohomöopathischen" Mittel (s.u.) abgaben, sind hierbei nicht miteingerechnet.

5 Auf dem Weg ins 20. Jahrhundert (1870-1914)

Gebetsheilungen arbeiteten, zahlenmäßig deutlich vor jenen, die homöopathisch behandelten. Doch die Homöopathie überragte ihrerseits an Bedeutung bei weitem alle anderen neueren „alternativmedizinischen" Verfahren: der Baunscheidtismus, der Krankheiten mit Hautreizen behandelte, war mit nur fünf Heilern vertreten, der Mesmerismus mit drei und die Wasserheilkunde gar nur mit zwei.

Hinsichtlich der sozialen Herkunft bildeten unter den Laienhomöopathen die Geistlichen beider Konfessionen mit Abstand die größte Gruppe. Die Landgeistlichen, deren „Bildungsstufe und Weltanschauung dieses seichte Heilsystem ganz und gar" entspreche,[248] standen denn auch im Mittelpunkt der Klagen der allopathischen Bezirksärzte. Da sie in der Dorfbevölkerung große Autorität besaßen, bestand hier aus allopathischer Sicht zudem in besonderem Maße die Gefahr, daß sich auf ihre eifrige Empfehlung hin auch größere Teile der Bevölkerung für die Homöopathie zu interessieren begannen.

Hinter den Geistlichen folgten erst in weitem Abstand die homöopathisierenden Vertreter der unterärztlichen Heilberufe, die Chirurgen, Bader und Tierärzte. Dazu kamen dann noch einzelne Vertreter einer Reihe anderer Berufe: einige Lehrer, ein Förster, ein Kaufmann, ein Hufschmied, ein Musiklehrer, ein Schreiner, ein Söldner, ein Gutspächter, eine Essigsiederfrau.[249]

In der geographischen Verteilung der Laienhomöopathen ragen vor allem Schwaben mit 31 Laienhomöopathen unter insgesamt 196 „Kurpfuschern" und Oberbayern mit 30 unter 255 heraus, während die Homöopathie in Niederbayern mit seiner besonders ausgeprägten volksmedizinischen Tradition mit 13 von 196 deutlich unterrepräsentiert war.

Für die Geistlichen war die Homöopathie umgekehrt wiederum die mit Abstand wichtigste Form pastoralmedizinischer Betätigung geworden, obschon sich Exorzismus und Sympathieheilung vor allem im katholischen Bereich ebenfalls eine gewisse Bedeutung bewahren konnten.[250] Später, in der Zeit um 1900 erhielt die Homöopathie in der Pastoralmedizin verstärkte Konkurrenz durch das Heilverfahren des Pfarrers Sebastian Kneipp.[251]

Einzelne homöopathisierende Geistliche scheinen sich eine beachtliche Praxis erworben zu haben. Von vier Pfarrern im schwäbischen Bezirk Krumbach hieß es beispielsweise: „Diese frommen Herrn, unter denen sich auch durchgefallene Mediziner befinden, machen in Homöopathie Curen u. beeinträchtigen stark das mediz. Publikum. Sie führen ganze Hausapotheken u. verabreichen Medicamente wofür sie häufig Bezalung (sic) annehmen."[252] Pfarrer Eckert im unterfränkischen Bezirk Gerolzhofen verdiente nach eigenen Angaben mit sei-

---

[248] BSB Cgm 6874/182, Vilshofen.
[249] HStAM MInn 61355.
[250] Ebd.
[251] Generalberichte 30 (1901), das Jahr 1899 umfassend, S. 310; zur Kneippbewegung, die gegen Ende des 19. Jahrhunderts erheblichen Zulauf gewann, vgl. das Anfangskapitel von Kramer 1981.
[252] HStA MInn 61355, Liste aus Schwaben, 2.3.1874.

ner homöopathischen Praxis in einem halben Jahr 1600 fl – fast das Dreifache eines gerichtsärztlichen Jahresgehalts – und erbaute damit eine Kapelle.[253]

In den Jahren nach 1875 stieg die Zahl der nicht approbierten Homöopathen stärker an als die der übrigen „Kurpfuscher" und erreichte Spitzenwerte von 164 im Jahr 1880 und 163 im Jahr 1882. Dann aber kehrte sich die Bewegung um. 1884 waren es nur noch 124 und 1887 gar nurmehr 90. Dies geschah teilweise parallel mit der Abnahme der Gesamtzahl der Kurpfuscher von 1630 im Jahr 1880 auf 1356 1884 und 1271 1888. Der Rückgang bei den homöopathischen „Kurpfuschern" war aber noch wesentlich ausgeprägter. Ein Grund hierfür dürfte in dem verstärkten Druck auf die „kurpfuschenden" Geistlichen zu suchen sein: 1882 wurden die Behörden vor Ort aufgefordert, „pfuschende" Geistliche in Zukunft zu melden, damit ihre kirchlichen Vorgesetzten entsprechende Maßnahmen ergreifen konnten.[254] Allerdings war die Zahl der „kurpfuschenden" Geistlichen schon zuvor von 112 im Jahr 1878 auf 80 im Jahr 1882 gesunken. Bis zum Jahr 1884 halbierte sie sich nochmals auf 42 und schwankte in der Folgezeit zwischen 30 und 50.

Die Haltung der homöopathischen Ärzte in Bayern gegenüber dem Wirken der Laienhomöopathen war ähnlich wie andernorts zwiespältig. Einige von ihnen brachen ausdrücklich eine Lanze für die Laienhomöopathie. Karl Köck in München etwa meinte, es könne für den homöopathischen Arzt nur nützlich sein, wenn die Patienten wohlinformiert in seine Praxis kämen. Selbst wenn sich der Kranke zunächst selbst behandle, sei das immer noch besser, als wenn sein Körper durch eine vorhergehende allopathische Therapie verändert und für die homöopathischen Mittel weniger empfänglich gemacht werde.[255]

Es gab jedoch auch Gegenstimmen. Schon 1837 hatte B. Osterrieder die Homöopathie ausschließlich voll ausgebildeten Ärzten vorbehalten wollen und sogar nach staatlichem Schutz für die approbierten ärztlichen Homöopathen gerufen.[256] Später sollen einzelne bayerische homöopathische Ärzte gar den Behörden bei Maßnahmen gegen Laienhomöopathen zur Hand gegangen sein.[257] Die Angst vor der Konkurrenz war dabei offenbar nur ein Grund. Das erfolgreiche Wirken ungebildeter Laienhomöopathen stellte zugleich die wissenschaftliche Selbstdarstellung der ärztlichen Homöopathen in Frage, die stets auf die große Differenziertheit ihrer Lehre und die Notwendigkeit langjähriger Studien und praktischer Erfahrung gepocht hatten.

Aus analogen Motiven heraus stieß denn auch unter den bayerischen Homöopathen die sogenannte „Elektrohomöopathie" des Bologneser Grafen und Laienpraktikers Cesare Mattei überwiegend auf Ablehnung, die sich in den 1870er und 1880er Jahren vor allem in Süddeutschland und der Schweiz aus-

---

[253] Majer 1875, S. 505.
[254] Hinweise auf ein unmittelbares staatliches Verbot, wie etwa in den HM-Stuttgart 7 (1882) behauptet, ließen sich dagegen nicht belegen.
[255] PHZ 9 (1878), S. 115f.
[256] Osterrieder 1837.
[257] PHZ 7 (1876), S. 150.

breitete.²⁵⁸ Matteis Verfahren baute auf sehr einfachen pathologischen Prinzipien auf. Alle Krankheiten beruhten nach seiner Auffassung letztlich auf einer krankhaften Veränderung von Blut oder Lymphe und in der Behandlung von Krankheiten kam er mit 30 verschiedenen Medikamenten aus. 25 davon wurden in Form von Streukügelchen gegeben und 5, die sogenannten „elettricità", als Flüssigkeiten. Das Arzneimittelspektrum setzte sich zusammen aus Wurm-, Fieber-, Brust-, Gefäß-, Skrofulose-, Lymph- und Krebs-Mitteln. Die Verbindung zur „Elektrizität" wurde von Mattei in unterschiedlicher Weise erklärt, mal unter Hinweis auf die rasche, einem Stromstoß ähnliche Wirkung der Mittel, mal mit der Annahme, in den Mitteln selbst sei „Elektrizität" fixiert. „Homöopathisch" waren die Mittel nicht, jedenfalls nicht im Sinne einer Auswahl nach dem „Simile"Prinzip, sondern allenfalls in Hinsicht auf die Darreichung in Form von Streukügelchen und verdünnten Essenzen.²⁵⁹

In der medizinischen Laienwelt fand das neue System großen Anklang. Matteis Bücher wurden in zahlreiche Sprachen übersetzt, in einer Reihe von Ländern wurden Produktionsstätten für seine Mittel errichtet.²⁶⁰ In Regensburg

Abb. 9: Rumänische homöopathische Hausapotheke, 2. H. 19. Jahrhundert (Quelle: Institut für Geschichte der Medizin der Robert Bosch Stiftung, Stuttgart)

---

²⁵⁸ Auch der Zentralverein erklärte sich 1879 ablehnend (PHZ 11 [1880], S. 51).
²⁵⁹ Vgl. Mattei 1884; Der Ärztliche Rathgeber 1883; Lodispoto 1987, S. 106-113; Helmstädter 1990.
²⁶⁰ Vgl. die Bibliographie bei Lodispoto 1987, S. 287.

konstituierte sich 1879 ein „Konsortium für Elektrohomöopathie" unter der Führung der Baronin von Aufseß, das sich um die Verbreitung von Matteis Schriften bemühte, den Mitgliedern den Bezug der Matteischen Mittel erleichtern wollte und 1886 sogar, ohne Genehmigung, eine elektrohomöopathische Heilanstalt eröffnete.[261]

Auch manche Ärzte begannen sich zu interessieren. Karl Stauffer gelangte über sie zur klassischen Homöopathie.[262] Karl Köck machte eigene Behandlungsversuche mit dem neuen Verfahren und sah sich, als sich das herumsprach, bald von hochstehenden Patienten aus dem In- und Ausland konsultiert. Ein „hoher Protektor" in Bayern bezahlte ihm schließlich eine Reise nach Bologna, damit er sich dort persönlich ein Bild verschaffte. Sein Urteil fiel weitgehend negativ aus: es handle sich eher um eine Geheimmittelmedizin, die weder mit Homöopathie noch mit Elektrizität etwas zu tun habe.[263]

Die Sorge Köcks und seiner Kollegen war vermutlich berechtigt. Da viele Laienanhänger der Homöopathie offenbar nur ungefähre Vorstellungen von der

Abb. 10: Stauffer und Schlegel (Quelle: Institut für Geschichte der Medizin der Robert Bosch Stiftung, Stuttgart)

---

[261] Die Reorganisation (1899); Die Geschichte 1900. Gleichfalls in Regensburg wurde 1886, ohne obrigkeitliche Genehmigung, eine elektrohomöopathische Heilanstalt unter der ärztlichen Leitung von Dr. Johann Bachhammer eingerichtet (StAR ZR I 3296).
[262] AHZ 178 (1930), S. 435f, Nachruf auf Stauffer.
[263] Köck 1883; manchen Kollegen war Köcks Kritik allerdings noch zu milde (PHZ 14 [1883], S. 107).

homöopathischen Theorie hatten, konnte die „Elektrohomöopathie" in ihren Augen als legitimer Teilbereich der Homöopathie erscheinen, zumal sie sich mit ihrer Werbung unmittelbar an die Anhänger der Homöopathie wandte.[264] Damit gefährdete sie jedoch den Anspruch der Homöopathen auf einen vollwertigen wissenschaftlichen Status ihrer Lehre. Mattei und seine Nachfolger verbreiteten nämlich nicht nur – was man auch der laienhomöopathischen Ratgeberliteratur vorwarf – einfache Listen mit Krankheitsnamen und dazu passenden Mitteln, deren Verwendung im Krankheitsfall keinerlei weitere Ausbildung erforderte. Sie hielten zudem auch die Zusammensetzung ihrer Mittel geheim[265] und brachten so die Homöopathie in unmittelbare Nähe des damals in Ärztekreisen allseits verdammten „Geheimmittelunfugs".[266]

5.4 Homöopathische Laienvereine

Die Entstehung einer organisierten homöopathischen Laienbewegung war für die Stellung der Homöopathie im Deutschen Kaiserreich eine entscheidende Entwicklung. Erste homöopathische Laienvereine sind schon in den 1830er Jahren nachweisbar.[267] Doch erst nach der Reichsgründung entstand eine regelrechte Massenbewegung. Schätzungen zufolge sollen beispielsweise in Württemberg 1914 mehr als 2% der Bevölkerung in solchen Vereinen organisiert gewesen sein.[268] Vor allem in Sachsen und Württemberg sprossen Dutzende von Vereinen aus dem Boden. Bald schlossen sie sich regional zusammen. 1873 traf man sich beim ersten „Allgemeinen Kongreß homöopathischer Laienvereine in Döbeln, und 1887 konstituierte sich ein deutscher Zentralverband.[269] Die Vereine leisteten im allgemeinen Bildungs- und Aufklärungsarbeit, sie gaben medizinischen Rat und boten ein Forum für gegenseitigen Erfahrungsaustausch. Teilweise verfügten sie über eigene Vereinsapotheken, organisierten gesellige Zusammenkünfte, und häufig bemühten sie sich darum, einen ärztlichen Homöopathen zur Niederlassung vor Ort zu gewinnen. War auch die Haltung der ärzt-

---

[264] PHZ 11 (1880), S. 29f.
[265] Es wurden bald angebliche Mitteilungen Eingeweihter über die Zusammensetzung der Mittel veröffentlicht, denen zufolge die Mittel jeweils aus einer oder mehreren pflanzlichen Substanzen oder Essenzen hergestellt waren (vgl. etwa die Angaben von Dr. Berridge im Juniheft der „Homoeopathic World" wiedergebend, AHZ 108 [1884], S. 206f); die Hersteller selbst scheinen derartige Berichte jedoch nie bestätigt zu haben.
[266] Vgl. beispielsweise die fast alljährlich wiederkehrenden Klagen in den bayerischen „Generalberichten". Die ablehnende Haltung gegenüber der „Elektrohomöopathie" hat auch in der Homöopathiegeschichtsschreibung ihren Niederschlag gefunden (vgl. Tischner 1932-39, S. 663f). Noch jüngst hat sich etwa der Volkskundler E. Wolff unter Mißachtung des großen Erfolgs der Elektrohomöopathie in Teilen der zeitgenössischen Laienbevölkerung mit dem überraschend parteilichen Hinweis begnügt, dabei handle es sich um ein „eher dubioses Verfahren", das zur richtigen Homöopathie keine Verwandtschaft besitze (Wolff 1989, S. 134, Fußn.); vgl. jedoch nunmehr Lodispoto 1987 und Helmstädter 1990.
[267] Meyer 1986.
[268] Wolff 1989, S. 65.
[269] PHZ 4 (1873), S. 79-84; AHZ 87 (1873), S. 102f; PHZ 18 (1887), S. 132-134.

lichen Homöopathen den engagierten Laien gegenüber etwas gespalten, vor allem wegen der verbreiteten Tendenz zur Selbstbehandlung, so erkannten sie doch weithin an, daß diese Vereine von großem Nutzen waren, vor allem wenn es darum ging, der ärztlichen homöopathischen Praxis den Boden zu bereiten. Nicht selten förderten homöopathische Ärzte denn auch aktiv die Entstehung derartiger Vereine vor Ort oder waren gar selbst als Gründungsmitglieder beteiligt.[270]

Die bayerische Homöopathie machte mit der Gründung des „Homöopathischen Vereins in Bayern" mit Sitz in Regensburg 1874 einen wichtigen Schritt hin zum Aufbau einer organisierten Laienbewegung. Unter der Leitung des Erbendorfer Pfarrers und späteren Reichstagsabgeordneten Dr. phil. et med. J. Lindner brachte der Verein eine eigene Vereinszeitschrift heraus, die „Homöopathischen Monatsblätter für volksthümliche Gesundheitspflege und Heilkunde", und hielt jährliche Hauptversammlungen ab. Bei einem Vereinsbeitrag von jährlich einer Mark konnte er eine rasch wachsende Mitgliederzahl gewinnen – 1880 waren es bereits 236. Das Vereinsblatt wurde sogar in einer Auflage von 500 bis 600 verbreitet.[271] Die Regensburger homöopathischen Ärzte spielten eine wichtige Rolle im Vereinsleben, als Redner und im Vorstand, doch die meisten Mitglieder waren medizinische Laien. Die Münchner homöopathischen Ärzte scheinen sich dagegen ferngehalten zu haben. Das war möglicherweise eine Nachwirkung der Auseinandersetzungen um die Gründung des „Vereins für specifische Heilkunde" 20 Jahre zuvor, der Gerster als nunmehriger Kopf der Regensburger Homöopathen mit großer Skepsis begegnet war.

Nach vielversprechenden Anfängen geriet der Verein jedoch unvermutet in eine tiefe Krise. Lindner erkrankte schwer und starb schließlich im Juni 1879. Karl Gerster übernahm eher widerstrebend die Redaktion der Monatsblätter, für deren Beiträge er dann überwiegend verantwortlich zeichnete, und ließ sich zum Vereinsvorsitzenden wählen. Dann aber kündigte der Verleger die zunächst zugesicherte Zusammenarbeit bei der Veröffentlichung der „Monatsblätter" auf. Die Mitgliederversammlung, die ursprünglich mit Nachdruck die große Bedeutung eines eigenen Organs als wichtiges Bindeglied unter den Mitgliedern hervorgehoben hatte, beschloß nunmehr, die „Homöopathischen Monatsblätter" des Württemberger Vereins „Hahnemannia" als Vereinsorgan anzunehmen. Deren Redakteur Zöppritz war eigens angereist und hatte ein entsprechendes Entgegenkommen zugesichert.[272] Offenbar ist der bayerische Verein dann aber bald endgültig eingegangen. In der homöopathischen Publizistik verliert sich jede Spur des Vereins und er fand auch keine Nachahmer. Während sich in anderen

---

[270] Im Gegensatz zur Naturheilkundebewegung (vgl. Haug 1985, Huerkamp 1986, Stollberg 1988, Herrmann 1990, Regin 1995) ist die homöopathische Laienbewegung noch verhältnismäßig wenig erforscht. Vor allem Eberhard Wolff hat hier in den letzten Jahren, vorwiegend am Beispiel Württembergs, wertvolle Pionierarbeit geleistet (Wolff 1985 und 1989); s.a. Staudt 1998.
[271] StAR ZR I 8980; HMVGH 5 (1879), S. 73-75; Lindner war zunächst nur stellvertretender Vorsitzender hinter dem Hengersberger Arzt Nolde, scheint aber sehr bald den Vorsitz übernommen zu haben.
[272] HMVGH 5 (1879), S. 51f und S. 73-75.

deutschen Staaten immer weitere neue lokale und regionale homöopathische Laienvereine bildeten, war Bayern in der Folgezeit jahrzehntelang ohne einen einzigen solchen Verein. Erst 1909 erging in München wieder der Aufruf zur Gründung eines homöopathischen Vereins.[273]

---

[273] PHZ 40 (1909), S. 51.

6 Die Anziehungskraft der Homöopathie

Entscheidend für die erfolgreiche Verbreitung der Homöopathie in Ärzteschaft und Bevölkerung war offensichtlich, daß sie als eine attraktive Alternative zu den bisherigen heilkundlichen Angeboten wahrgenommen wurde. Anders als die Naturheilkundebewegung, die über weite Strecken von einer pauschalen Ablehnung jeglicher professioneller, ärztlicher Medizin geprägt, ja motiviert war,[274] läßt sich die Homöopathie, so wie sie uns im Königreich Bayern entgegentritt, jedoch nicht in erster Linie als antiärztliche Protestbewegung begreifen. Sie erscheint vielmehr als die Suche nach einem neuen Weg innerhalb des Rahmens einer durchaus wissenschaftlichen, vorwiegend von ärztlichen Experten getragenen Medizin.[275] Der Widerstand gegen die akademischen Ärzte zielte nicht gegen Wissenschaftlichkeit und Professionalität, sondern gegen den Monopolanspruch jener akademischen Ärzte, die die allopathische „Schulmedizin" vertraten. Um so mehr ist an dieser Stelle freilich nach den verschiedenen Beweggründen zu fragen, aus denen heraus sich Ärzte und Patienten damals der Homöopathie zuwandten.

Als Grundmotiv, das Ärzte und Laien unter den Homöopathieanhängern einte, tritt hierbei zunächst die schlichte Überzeugung hervor, daß das homöopathische Heilverfahren den herkömmlichen Behandlungsmethoden in allen oder wenigstens in manchen Krankheitsfällen überlegen war. Gerade in der Anfangszeit waren es vor allem die aufsehenerregenden Heilungen an berühmten Persönlichkeiten, die der Homöopathie neue Anhänger zuführten. Die Berichte über die hervorragenden Heilerfolge gegen die Cholera trugen in den 1830er Jahren wesentlich zum endgültigen Durchbruch der Homöopathie bei. Und auch in der Folgezeit verwiesen die Anhänger der Homöopathie unermüdlich auf die praktischen, empirischen Erfolge ihrer Methode, vor allem gegen jene allopathischen Gegner, die die Homöopathie mit theoretischen Argumenten widerlegen und damit ihren eigenen Monopolanspruch rechtfertigen wollten. Das Argument der praktischen Bewährung zieht sich auch wie ein roter Faden durch die Homöopathiedebatten im bayerischen Landtag. Die Existenz persönlich erfahrener oder im Verwandten- oder Bekanntenkreis erlebter Heilungen konnte und wollte man sich nicht ausreden lassen. „Thatsachen machen auf mich einen sehr tiefen Eindruck", meinte 1843 in diesem Sinne der Abgeordnete Dekan Böckh.[276] Den Versuch der allopathischen Ärzte, dem Laien aufgrund seiner mangelnden medizinischen Ausbildung die Mitsprache in solchen Dingen zu verweigern, wies sein Mitstreiter Wolfsteiner entsprechend heftig zurück. Jede Wissenschaft,

---

[274] Vgl. Huerkamp 1986; Stollberg 1988.
[275] Ähnlich auch der Befund von Wolff 1989 für Württemberg. Bezeichnenderweise läßt unter den bayerischen Königen gerade Max II. die größten persönlichen Sympathien für die Homöopathie erkennen, jener König also, der als ein „Wissenschaftskönig" in die Geschichte einging.
[276] VKA 1843, Bd. 18, S. 36f.

so betonte er, „muß in den Fall kommen, von dieser ihrer praktischen Seite sich von solchen, die außer ihr stehen, beurtheilen zu lassen".[277] Gerne griff man auch auf die vergleichende Zusammenstellung der statistischen Ergebnisse allopathischer und homöopathischer Behandlung zurück, die Buchner eigens anläßlich der Landtagssitzung von 1843 veröffentlicht hatte. Ihnen zufolge waren die homöopathischen Behandlungsergebnisse im allgemeinen und bei der Cholera im besonderen den allopathischen weit überlegen, und dies bei geringeren Kosten und kürzerer Krankheitsdauer.[278] Der Abgeordnete Dr. Völks sah 1862 in den praktischen Erfolgen, „welche man ihr sicher zuzuschreiben hat", weit mehr noch als in den Theorien der Homöopathen, den entscheidenden Grund für das Vertrauen, das die Homöopathie beim Publikum genoß, und forderte eine entsprechende Gleichstellung mit der Allopathie.[279] „Die Erfolge sind die Hauptsache" brachte der Abgeordnete Sir in den Debatten um die Errichtung eines Lehrstuhls diese Sichtweise auf den Punkt und erhielt dafür zustimmende Zurufe „sehr richtig!".[280] Unterbrochen von mehrfachen „Bravo"-Rufen, sprach der Abgeordnete Lerno 1904 den Allopathen folgerichtig das Recht auf ein „Behandlungsmonopol" ab. Da sie weit davon entfernt seien, in allen Krankheitsfällen den Behandlungserfolg garantieren zu können, solle „ein jeder nach seiner Fasson gesund zu werden versuchen können."[281]

Die Bereitschaft, den Heilungsberichten der Homöopathen und ihrer Patienten Glauben zu schenken und auf die Wirksamkeit der homöopathischen Mittel zu setzen, war jedoch in Ärzteschaft und Bevölkerung offensichtlich durchaus nicht allgemein. Das Vertrauen jener Gruppen in Bevölkerung und Ärzteschaft, die sich der Homöopathie zuwandten, wird ihrerseits erst aus dem Wirken weiterer Faktoren und Motive erklärlich, die die Überzeugung von der Wirksamkeit der homöopathischen Mittel bestärkten oder der Homöopathie in anderer Weise eine besondere Anziehungskraft verliehen. Bei der Analyse dieser Faktoren und Motive wird man wiederum nach den unterschiedlichen sozialen und kulturellen Zusammenhängen differenzieren müssen, aus denen die Betreffenden jeweils stammten und in denen sie sich bewegten. Im folgenden wollen wir uns deshalb zunächst den Ärzten und den übrigen Gebildeten und ihren Motiven zuwenden und dem Einfluß übergreifender kultureller Entwicklungen in diesen Schichten nachgehen, um anschließend, wegen der schwierigen Quellenlage leider erheblich knapper, die Rolle zu betrachten, die die Homöopathie im Rahmen der traditionellen „volksmedizinischen" Kultur breiter, weniger gebildeter Bevölkerungskreise spielte.

---

[277] Redebeitrag von Wolfsteiner in VKA 1851, Bd. 4, S. 231.
[278] Ebd; Buchner 1843.
[279] VKA 1862, Bd. 4, S. 174-176.
[280] VKA 1901/02, Bd. 9, S. 984.
[281] VKA 1904, Bd. 14, S. 455f.

6.1 Professionelle Heilkundige

Über die Beweggründe, aus denen heraus sich Ärzte im 19. Jahrhundert der Homöopathie zuwandten, geben einzelne Selbstzeugnisse, vor allem aber Nachrufe aus der Feder von Kollegen Auskunft. In beiden Fällen ist selbstverständlich die Gefahr einer rückblickenden Selbst- oder Fremdstilisierung gegeben, aber gewisse Anhaltspunkte lassen sich doch gewinnen.

Eine Reihe von homöopathischen Ärzten widmete sich demnach schon während oder unmittelbar nach dem Studium der Homöopathie. Die jahrzehntelange Präsenz der Homöopathie an der Münchner Universität, von Reubel über Roth zu Buchner, Mahir, Ditterich und Horn schuf im Vergleich zu anderen Staaten ungewöhnlich gute Voraussetzungen für eine frühzeitige Begegnung mit der Homöopathie. Nusser etwa interessierte sich nach eigenem Bekunden schon in den ersten Semestern für die Homöopathie, Osterrieder wurde mit unverhohlen homöopathischen Thesen promoviert.[282] Eine ganze Reihe von späteren Homöopathen nutzte die in Bayern verpflichtend vorgeschriebene zweijährige (später einjährige) Assistenzzeit, um sich mit der Homöopathie theoretisch und praktisch vertraut zu machen, indem sie an der Münchner Heilanstalt oder in der Praxis eines erfahreneren Homöopathen mitarbeiteten. Belegt ist eine derartige Assistentenschaft unter anderem für Buchner, Eberle, Held, Herold, Leuther, Mayerhofer, Moser, Quaglio und Unsin, doch bei weiteren Ärzten, die schon in jungen Jahren als Homöopathen auftraten, ist Ähnliches möglicherweise nur nicht aktenkundig überliefert.[283]

Einzelne spätere Homöopathen machten schon in ihrer Jugendzeit dank des väterlichen Vorbilds mit der Homöopathie Bekanntschaft. Wilhelm Gross jun., Ferdinand Reubel, Martin Schlegel und Raimund Gerster, vielleicht auch Hans Groß und Julius Fuchs wären Beispiele hierfür. Ähnliches läßt sich übrigens auch recht häufig bei außerbayerischen Homöopathen nachweisen: die „Populäre Zeitschrift für Homöopathie" veröffentlichte 1876 eine Liste mit mehr als zwei Dutzend solcher Vater-Sohn-Paarungen.[284] Es war allerdings keine zwangsläufige Entwicklung: Heinrich Adam Preu, der Sohn Karl Preus, und F. Karl Gerster, der Bruder Raimunds, gingen beispielsweise andere Wege als ihre Väter.

Für diejenigen Ärzte, die wie F.S. Widnmann, J. Reubel, K. Preu, J.J. Roth, F.A. Ott, J.F. Baumann oder K. Gerster erst nach mehr oder weniger jahrelanger allopathischer Praxis zur Homöopathie fanden, kommen solche Sozialisationseffekte dagegen nur sehr begrenzt in Frage. Als konkreter Auslöser für die

---

[282] HStAM MInn 61964, Eingabe Nussers vom 26.2.1842; nach Studienabschluß frequentierte er von 1836-1839 andere homöopathische Ärzte. Auch Heinrich Carl Welschs Würzburger Dissertation von 1832 beschrieb die Homöopathie zwar vom allopathischen Standpunkt aus, würdigte sie aber sehr positiv (Welsch 1832).
[283] AHZ 58 (1859), S. 86; AHZ 160 (1912), S. 278f, Nachruf auf Quaglio; AHZ 132 (1896), S. 58f, Nachruf auf Unsin; AHZ 99 (1879), S. 175, Nachruf auf J.B. Buchner; ebd., S. 95f, Nachruf auf A. Leuther.
[284] Vgl. PZH 7 (1876), S. 10.

Hinwendung zur Homöopathie wird hier vielfach die Lektüre eines der Werke von Hahnemann selbst oder von einem der renommierten „Überläufer" aus dem allopathischen Lager genannt, manchmal auch der persönliche oder berufliche Kontakt mit einem Homöopathen und vereinzelt, wie im Falle von Grauvogls, das Drängen homöopathiebegeisterter Patienten.[285]

Abb. 11: Große homöopathische Hausapotheke (Quelle: Institut für Geschichte der Medizin der Robert Bosch Stiftung, Stuttgart, Sammlung Hofrat Virgil Mayer)

Die persönliche Beobachtung günstiger Verläufe unter homöopathischer Behandlung, insbesondere bei bereits für unheilbar gehaltenen Erkrankungen, führte dann vielfach zur endgültigen Parteinahme.[286] Die Hinwendung wurde offenbar zum Teil als eine regelrechte Bekehrung von grundlegender, existenzieller Tragweite beschrieben, mit Worten, die zuweilen an Schilderungen religiöser Bekehrungserlebnisse erinnern. „Eine Sache wie die Homöopathie kann man entweder gar nicht, oder man wird sie mit ganzer Seele ergreifen", meinte bei-

---

[285] AHZ 99 (1879), S. 206f, Nachruf auf Baumann; HM-Stuttgart 14 (1889), Geschichte der Entwicklung der Homöopathie in Württemberg, zu Karl Kammerer; Roth 1831, S. IV zu einem ungenannten väterlichen Freund, der ihm das Studium der Homöopathie empfahl; AHZ 127 (1893), S. 141, Nachruf auf Franz Eberle; AHZ 111 (1885), S. 48, zu J.A. Schneider, der mit Homöopathie anläßlich eines gemeinsamen Konsiliums mit einem Homöopathen in Bregenz in Berührung kam; AHZ 96 (1878), S. 31f und S. 46-48, Nachruf auf von Grauvogl, den sein Patient, der ehemalige bayerische Kriegsminister von Gumppenberg, zur Lektüre homöopathischer Literatur anregte.

[286] Roth 1831, S. V; Grauvogl 1851; auszugweise auch in HMVGH 4 (1878), S. 3-6.

spielsweise der junge Friedrich Mosthaff in einem Brief an Samuel Hahnemann.[287] Und Karl Gerster berichtete von dem „großen Kampf", den es ihn nach 9jähriger allopathischer Praxis und mehrjährigem Besuch großer allopathischer Krankenhäuser gekostet habe, „an die infinitesimalen unarzneilichen Dosen der homöopathischen Heilmittel zu glauben, und aus einem allopathischen Saulus zu einem homöopathischen Paulus zu werden."[288]

Vor allem bei den zunächst allopathisch tätigen Homöopathen, teilweise aber selbst bei den frisch promovierten, wird zudem immer wieder eine Grundstimmung der Desillusionierung, des tiefsitzenden Zweifels ob der Möglichkeiten der herkömmlichen Medizin deutlich, die offensichtlich eine entscheidende Voraussetzung dafür war, daß die Begegnung mit der Homöopathie auf fruchtbaren Boden fiel. Solche Skepsis war bis in die 1850er Jahre in weiten Kreisen der Ärzteschaft verbreitet, auch unter erklärten Gegnern der Homöopathie.[289] Es deutet sich aber an, daß die Neigung zur Skepsis, zur Infragestellung herkömmlicher Erklärungsmodelle und Behandlungsverfahren bei vielen Homöopathen besonders ausgeprägt war.

Eine skeptische Grundhaltung geht nicht selten bereits aus unmittelbaren Äußerungen hervor, aus Klagen wie der von F. S. Widnmann über „das Unvollkommene, das Krüppelhafte in unserer bisherigen Heilkunst".[290] Ferdinand von Wachter soll sich nach seiner persönlichen Begegnung mit dem therapeutischen Skeptizismus der Wiener Medizin um 1850 sogar zum Wechsel in den kaufmännischen Beruf entschlossen haben, ehe er stattdessen zur Homöopathie übertrat.[291] Auffällig ist zudem die ausgeprägte Bereitschaft einer ganzen Reihe von bayerischen Homöopathen, sich auch mit anderen alternativen medizinischen Systemen auseinanderzusetzen und sie so weit möglich in ihre Praxis zu integrieren. Gerster etwa beschäftigte sich neben der Homöopathie auch mit Mesmerismus, machte sich durch persönliche Besuche bei Prießnitz und Schroth mit der Wasserheilkunde vertraut und führte sogar Geisterbeschwörungen durch.[292] Vor allem die Hydropathie und die aus ihr hervorgehende Naturheilkunde hatten es auch anderen bayerischen Homöopathen angetan, womit sie sich schließlich gar den Zorn der strikten Vertreter dieser Strömungen zuzogen.[293] Buchner empfahl sie in bestimmten Fällen ebenso wie von Grauvogl und Mahir; Max Joseph Schlosser (1824-1862) beschäftigte sich mit ihr, aber auch mit

---

[287] HA 320, undatiertes Schreiben aus den frühen 1830er Jahren.
[288] HMVGH 5 (1879), S. 85.
[289] Vgl. Lesky 1960 und 1965.
[290] Widnmann 1823, S. 15; s.a. Grauvogl 1848, bes. S. 14 und S. 46 und Mahir 1843.
[291] AHZ 153 (1906), S. 26f, Nachruf auf von Wachter.
[292] „Reminiscenzen" Gersters in HMVGH 3 (1877), S. 92f; schon Hahnemann hatte sich für den Mesmerismus interessiert (vgl. Wittern 1985).
[293] Vgl. Gleich 1853, S. 8f: „Diät, Wasser, kurz die ganze Naturheilmethode, bald nach Schroth, bald nach Prießnitz, bald nach Rausse usw. spielt bekanntlich bei ihrer gegenwärtigen Behandlungsweise, wenigstens in München, eine Hauptrolle; sie sind aber dabei doch so unverschämt und setzen die auf diese Weise erzielten glücklichen Resultate auf Rechnung ihrer angewandten Arzneien allein."

Heilgymnastik und Galvanomagnetismus.²⁹⁴ Darüber hinaus finden sich bei Preu, Horn und Ditterich zumindest Hinweise auf ein entsprechendes Interesse.²⁹⁵ Ott bemühte sich gegen Ende seines Lebens gar um Begründung einer „Panjatrik", um eine umfassende theoretische und praktische Synthese von Homöopathie, Naturheilkunde und Allopathie.²⁹⁶ Karl Stauffer befaßte sich zwei Generationen später prüfend mit Augendiagnose, Magnetopathie und okkultistischen Praktiken.²⁹⁷ Das auffällige Interesse einiger bayerischer Homöopathen für die Chirurgie könnte gleichfalls auf eine gewisse Desillusionierung mit der herkömmlichen medikamentösen Krankenbehandlung verweisen; immerhin wird in der Chirurgie die erfolgreiche Wirkung des eigenen Tuns viel häufiger ganz unmittelbar und zweifelsfrei sichtbar.²⁹⁸

Neben all diesen Faktoren, die die Homöopathie für manche Ärzte attraktiv machten, sollte man schließlich auch den wirtschaftlichen Aspekt nicht gänzlich vernachlässigen, auch wenn er in seiner genauen Bedeutung schwer einzuschätzen ist. Immerhin bot die Homöopathie trotz aller Anfeindungen angesichts des starken Anstiegs der Ärztezahlen in Bayern seit den 1830er Jahren gerade jüngeren Ärzten Hoffnung auf eine gewisse Marktnische. Diese mochte es ihnen vor allem in den Städten erlauben, sich trotz der starken Konkurrenz eine eigene Klientel zu erwerben.²⁹⁹ In einzelnen Fällen ist zudem, in der Zeit, in der die Selbstdispensierung erlaubt war, der von gegnerischer Seite geäußerte Verdacht zumindest nicht ganz von der Hand zu weisen, die Hinwendung zur Homöopathie verdanke sich auch dem Wunsch, ungestört Medikamente abgeben zu können. Besonders bemerkenswert ist hier der Fall des Wertacher Arztes Benedikt Riefler, der nach 20 Jahren allopathischer Praxis zum Homöopathen geworden sein soll, als an seinem Wohnort eine Apotheke eröffnet wurde, womit sein bisheriges Recht zur Führung einer Handapotheke erloschen wäre.³⁰⁰

Wirtschaftliche Motive anstelle glaubensähnlicher Überzeugungen wird man vermutlich noch deutlich stärker als Motiv für die homöopathische Tätigkeit von Badern, Barbieren und Landärzten unterstellen dürfen. Fast regelmäßig scheinen sie jedenfalls die Homöopathie als bloße Ergänzung ihres übrigen therapeutischen Arsenals in die alltägliche Praxis integriert zu haben und übten den Angaben der „Kurpfuscher"-Statistik zufolge meistens Homöopathie und Allopathie nebeneinander aus. Der Bader Philipp Lutz im Bezirk Günzburg, der als

---

[294] Buchner 1845; Mahir 1846; AHZ 66 (1863), S. 128, Nachruf auf Schlosser; Grauvogl 1851, S. 30.
[295] HA 342, Brief Preus an Hahnemann vom 21.7.1832; HStAM MInn 61964, Eingabe Nussers vom 26.2.1842; Horn 1863.
[296] Ott 1863.
[297] AHZ 178 (1930), S. 435f.
[298] Ott, Herold und Schaffner wären hierfür Beispiele.
[299] Vgl. Wibmer 1862, S. 98.
[300] HStAM MInn 61967, Schreiben des (allopathischen) Apothekers in Nesselwang vom 18.1.1857; ähnliche Vorwürfe wurden, wie bereits erwähnt, früher schon gegen L. Schuhmann in Tittmoning vorgetragen (HStAM MInn 61964, Schreiben des Präsidenten der Regierung von Oberbayern vom Januar 1838).

„einer der frechsten Pfuscher" schon ein halbes Jahr wegen fahrlässiger Tötung im Gefängnis gesessen, sich dann der Homöopathie" zugewandte hatte, aber weiterhin auch „für eine weite Umgegend" Brech- und Abführmittel und Antiphlogistika gab und sich als Einrichter und Geburtshelfer betätigte, bietet hierfür nur ein besonders drastisches Beispiel.[301]

6.2 Exkurs: Die homöopathische Klientel

Die medizinische Alltagskultur der Laienbevölkerung besaß im 19. Jahrhundert nicht mehr jenes weitreichende Maß an Homogenität, das ihr über die Schichtgrenzen hinweg bis ins 18. Jahrhundert hinein wenigstens tendenziell eigen war. Kulturelle Welten trennten vielmehr das Körper-, Krankheits- und Behandlungsverständnis des einfachen Bauern auf dem Dorf von dem der gebildeten Literaten oder Beamten in der Großstadt. Vor diesem Hintergrund scheint es sinnvoll, ja notwendig, zunächst einen genaueren Blick auf die soziokulturelle Herkunft jener zu werfen, die auf die Homöopathie vertrauten, ehe wir uns dann in einem zweiten Schritt ihren jeweils unterschiedlichen Motiven für die Annahme oder Ablehnung der Homöopathie zuwenden.

Abb. 12: Weltkarte, die die bisher für die neue Heilweise gewonnenen Gebiete zeigt, Mitte 19. Jahrhundert (Quelle: wie Abb. 5, S. XXII)

---

[301] HStAM MInn 61355, Schwaben 2.3.1874.

6 Die Anziehungskraft der Homöopathie

In der Homöopathiegeschichtsschreibung erscheint die Homöopathie des 19. Jahrhunderts im wesentlichen als ein Phänomen der höheren Gesellschaftsschichten. Auch in unserer eigenen Darstellung spielten Vertreter des Adels und der bürgerlichen Führungsschichten als maßgebliche Förderer der Homöopathie in der öffentlichen und politischen Auseinandersetzung und als angesehene Patienten der homöopathischen Ärzte eine führende Rolle. Unter den Patienten der bekannteren bayerischen Homöopathen haben wir Persönlichkeiten wie von Leuchtenberg, von Seinsheim, von Gravenreuth und von Oettingen-Wallerstein gefunden. Selbst König Max II. soll des öfteren Buchner konsultiert haben und ließ sich im Sommer 1853, ein Jahr vor seinem Tod, vier Wochen lang in Hohenschwangau durch Eduard von Grauvogl behandeln.[302] Homöopathen wie J.B. Buchner, O. Mahir, M. Quaglio und Karl Stauffer sollen sich überwiegend, wenn nicht fast ausschließlich, mit der Behandlung von Kranken aus hohen und höchsten Gesellschaftskreisen befaßt haben.[303]

Schon Zeitgenossen hoben im übrigen die besondere Anziehungskraft hervor, die die Homöopathie auf die höchsten Kreise ausübte. F. Karl Gersters Einschätzung, besonders Adel und Klerus fühlten sich von der Homöopathie angezogen,[304] entspricht die Wahrnehmung der allopathischen Gegner, die Homöopathie sei „namentlich unter höhern Ständen Mode geworden".[305] Selbst von den teilweise weniger gebildeten Laienhomöopathen wurde berichtet, sie wendeten die homöopathischen Mittel vor allem bei den inneren Krankheiten „der gebildeteren Stände" an.[306]

Ihre wichtigsten Förderer in der politischen Auseinandersetzung hatten die bayerischen Homöopathen ohnehin in den höchsten Gesellschaftskreisen. Im bayerischen Landtag machten sich Karl von Oettingen-Wallerstein, der Leiter des ersten Münchner homöopathischen Spitals, der oberbayerische Regierungspräsident Karl von Seinsheim, Graf Max von Arco-Valley und zahlreiche andere Gönner für die homöopathische Sache stark. Ludwig II. und die Königinmutter Marie unterstützten, wie schon erwähnt, die Münchner homöopathische Heilanstalt mit Spenden.[307] Namen aus den höchsten Gesellschaftskreisen stehen auch wiederholt in den Unterschriftenlisten an erster Stelle, mit denen die Homöopathen ihren Eingaben zusätzliches Gewicht zu verleihen suchten. Unter den rund 35 Unterzeichnern, die zusammen mit Buchner 1852 das Recht

---

[302] HMVGH 5 (1879), S. 93f, Nachruf auf Buchner; AHZ 96 (1878), S. 31f und S. 46-48, Nachruf auf von Grauvogl.
[303] HMVGH 5 (1879), S. 93f, Nachruf auf J. Buchner; AZH 1 (1848), S. 48, Nachruf auf F. Widnmann; Braun 1976, S. 108; PHZ 26 (1895), S. 113, Nachruf auf O. Mahir; AHZ 101 (1880), S. 102f; AHZ 178 (1930), S. 435f, Nachruf auf K. Stauffer.
[304] Gerster 1892, S. 56.
[305] Strehler 1843, S. 135.
[306] HStAM MInn 61355, Begleitschreiben aus Niederbayern vom 22.5.1878.
[307] AHZ 75 (1868), S. 206-208; AHZ 94 (1877), S. 79f; auch in anderen Staaten waren höchste Adelskreise immer wieder eine wichtige Stütze der Homöopathen (vgl. etwa die Aufstellung bei Catellan 1863, S. 251-270).

auf homöopathische Selbstdispensation forderten, finden sich, soweit sich die Unterschriften entziffern und identifizieren lassen, die Namen von mindestens 2 Fürsten, 9 Grafen und 3 Freiherrn, dazu noch 4 hohe Militärs, 2 Universitätsprofessoren und mehrere höhere Beamte. Übrigens ist hier auch eine in der Homöopathiegeschichtsschreibung bisher weniger beachtete Elite vertreten, nämlich die der Künstler. So schlossen sich dem genannten Gesuch unter anderem auch die Maler Wilhelm von Kaulbach, G. Flüggen und Heinz Heinlein sowie der Bildhauer F. Brugger an.[308]

Die herausragende Stellung von Homöopathieanhängern aus den adligen und bürgerlichen Eliten in den zeitgenössischen Quellen birgt jedoch die Gefahr einer gewissen Verzerrung. Zwar scheint die Homöopathie auf die hohen und höchsten Gesellschaftskreise eine besondere Anziehungskraft ausgeübt zu haben. Doch es gibt zahlreiche Hinweise, daß diese Kreise durchaus nicht die einzigen waren, die sich zuweilen für die Homöopathie einsetzten oder sich im Krankheitsfall in homöopathische Behandlung begaben, ja, es deutet sich sogar an, daß die Reichen und Gebildeten rein zahlenmäßig unter allen homöopathisch behandelten Patienten nur eine Minderheit waren.

In den homöopathischen Unterschriftenlisten etwa finden sich auch die Namen zahlreicher gewöhnlicher Bürger. Die Unterschriften unter eine Eingabe des Mindelheimer Homöopathen F.A. Ott aus dem Jahr 1848 bieten beispielsweise, soweit nähere Angaben gemacht wurden, einen Querschnitt durch das gewöhnliche Beamten- und Bildungsbürgertum und die höheren Handwerkerkreise einer mittleren Kleinstadt und ihres ländlichen Umfelds: die größte Gruppe stellten die Geistlichen mit 23 Unterschriften, gefolgt von den Handwerkern mit 17 – die meisten davon Meister – und in deutlichem Abstand von 5 Schullehrern. Daneben findet sich noch eine Reihe von Vertretern anderer, eher besser gestellter Berufe vor allem aus dem Dienstleistungsbereich: 2 Landgerichtsassessoren, 2 Rentamtsbeamte, 3 Magistratsräte, 4 Vorsteher, 2 Polizeidiener, ein Advokat, ein Postverwalter, ein Schreiber, ein Kanzlist, ein Fabrikant, ein Kaufmann, ein Brigadier, eine Oberin, ein Musiker, ein Forstwart. Die Mehrzahl der Unterschriften aber trägt keine solche Erläuterung. Der Grund hierfür war mit hoher Wahrscheinlichkeit, daß die Betreffenden keine hervorgehobene Position innehatten, die eine Erwähnung verdiente und der Petition zusätzliches Gewicht gegeben hätte.[309]

Eine Eingabe Nussers aus Augsburg auf Aufhebung des Homöopathieverbots in den öffentlichen Krankenanstalten soll gar in erster Linie von den örtlichen Handwerkergesellen unterstützt worden sein, die für den Fall einer Krankenhausaufnahme von Nusser homöopathisch behandelt werden wollten.[310] Und in München sollen ganze Innungen bedeutende Abonnementzahlungen dafür an-

---

[308] HStAM MInn 61966, Gesuch vom 25.2.1852.
[309] HStAM MInn 61965, Gesuch vom August 1848; auch ein Bader und ein Tierarzt unterschrieben.
[310] AZH 1 (1848), S. 77.

geboten haben, daß ihre Mitglieder im Krankheitsfall Aufnahme im homöopathischen Krankenhaus fänden.[311]

Was die Kranken betrifft, die sich den Homöopathen anvertrauten und zu denen sicher auch viele der Unterzeichner der eben erwähnten Gesuche zu rechnen sind, so legen schon die sozioökonomischen Rahmenbedingungen nahe, daß Kranke aus den unteren Mittelschichten und aus den Unterschichten selbst in den Praxen ärztlicher Homöopathen in vielen Fällen zahlenmäßig überwogen haben müssen. In den kleineren Städten und Marktflecken der bayerischen Provinz, in denen zumindest in den Jahrzehnten um 1850 eine beträchtliche Zahl von ärztlichen Homöopathen arbeitete, gab es nur eine kleine Elite aus den höheren, wohlhabenderen Schichten. Einfache Handwerker und Ackerbauern von bescheidenem Wohlstand, Gesellen, Dienstboten und eine wachsende Gruppe von ungelernten Gelegenheitsarbeitern bestimmten das Bild. Das ländliche Umland war sowieso noch bis weit in die zweite Hälfte des 19. Jahrhunderts hinein vom bäuerlichen Element geprägt.[312] Dennoch konnte eine Reihe von Homöopathen in den kleineren Landstädten finanziell überleben, und einzelne Praxen wurden sogar als blühend beschrieben und von den Apothekern als erhebliche wirtschaftliche Bedrohung geschildert.

Die Fallgeschichten, die einzelne homöopathische Ärzte veröffentlichten – wenn auch in Auswahl – lassen ebenfalls einen beachtlichen Anteil von Patienten aus den Unterschichten vermuten. So finden sich unter den rund 45 Fällen, die Fr. Mosthaff aus seiner Zeit im pfälzischen Dirmstein mit Angaben zu Beruf oder sozialem Stand veröffentlichte, neben dem Kind eines „ausgezeichneten bayerischen Staatsmanns" und einer jungen russischen Adligen, fast ein Dutzend Tagelöhner und deren Angehörige, dazu etliche Handwerker und einige Dienstmägde.[313] In den Nachrufen auf bayerische Homöopathen liest man ziemlich regelmäßig Wendungen, denen zufolge der Betreffende „in allen Schichten der Bevölkerung", „bei hoch und nieder" gesucht und beliebt gewesen sei.[314]

Selbst Angehörige der allerärmsten Schichten fanden aus wirtschaftlichen Gründen, wenn man den homöopathischen Ärzten glauben darf, in die homöopathische Praxis, Patienten, die einen teureren allopathischen Arzt von vornherein nicht aufgesucht hätten.[315] Ferdinand von Wachter soll manche Familien nicht nur mit Medikamenten, sondern zuweilen auch kostenlos mit Nahrungsmitteln versorgt haben.[316] Etliche Homöopathen in Groß- und Kleinstädten waren im

---

[311] VKA 1837, Bd. 15, S. 312.
[312] Vgl. Stolberg 1986.
[313] Mosthaff 1843, S. 101-154.
[314] AHZ 132 (1896), S. 58 und AHZ 153 (1906), S. 26f, Nachrufe auf Jos. Unsin und Ferdinand von Wachter.
[315] HStAM MInn 61964, Eingabe Nussers vom 26.2.1842.
[316] PHZ 37 (1906), S. 122f, Nachruf. Allerdings könnten solche Angaben, soweit sie aus Homöopathenkreisen stammten, wenigstens zum Teil der Selbstdarstellung der Homöopathie als Wohltat für die Armen entsprechen, die nicht zuletzt eine rechtliche Besserstellung der Homöopathie rechtfertigen sollte.

übrigen als Armenärzte tätig, Reichel in Naila etwa, Gerster in Regensburg, Pemerl und Trettenbacher in München oder Sedlmayer in Ansbach. Die homöopathischen Heilanstalten in München und Regensburg schließlich, die in München angeschlossene Poliklinik, die Ordinationsanstalt des „Vereins für specifische Heilpflege", K. Koecks 1872 gegründetes Münchner „homöopathisches Ambulatorium für Unbemittelte"[317] und Otts Neu-Ulmer Säuglings-Poliklinik zielten von vornherein nur auf die ärmeren Bevölkerungsschichten sowie auf die Gruppe der Dienstboten.

Über die Klientel der homöopathischen Laienbehandler, die die homöopathischen Ärzte in den 1870er Jahren zahlenmäßig noch weit überflügelten, sind keine genaueren Angaben überliefert. Auch wenn ihre Heilweise verhältnismäßig mehr Anklang unter den höheren Schichten gefunden haben soll, läßt aber schon die Tatsache, daß viele von ihnen in kleinen Marktflecken und Dörfern wirkten, vermuten, daß sie sich ihre Kundschaft oft noch weit stärker als die der Ärzte aus einfachen Handwerkern und Bauern rekrutierte.[318]

6.3 Gebildete Laien

Bei der Suche nach den Beweggründen, aus denen heraus sich gebildete Laien der Homöopathie zuwandten, können wir leider in noch geringerem Maße auf Selbstzeugnisse zurückgreifen als im Falle der Ärzte.[319] Immerhin aufschlußreiche Einblicke eröffnen jedoch die Redebeiträge in den mehrfach erwähnten Landtagsdebatten, in denen die Homöopathiebefürworter mitunter auch mit persönlichen Bekenntnissen und Erfahrungsberichten aufwarteten.

Die gebildeten Anhänger der Homöopathie lassen hier erkennen, daß sie die Homöopathie über die Überzeugung von ihrer empirisch belegten Überlegenheit hinaus als eine Medizin erlebten, die hervorragend mit zentralen Werten der aufsteigenden und auch vom Adel zunehmend geteilten bürgerlichen Kultur übereinstimmte, indem sie insbesondere dem Erleben einer besonderen körperlichen und seelischen Sensibilität der Adligen und gebildeten Bürger gerecht wurde.[320] So war der Homöopathie aus Sicht ihrer Fürsprecher deshalb der Vorzug zu geben, weil sie

> „auf dem Principe der Mässigkeit gegründet [ist], und weil die kleinen Dosen v. Arzneimitteln, welche dieselbe den Kranken gibt, nicht so nachtheilig wirken können, als die Menge von Mixturen, welche von der Al-

---

[317] AHZ 96 (1878), S. 67; in den Jahren 1876 und 1877 behandelte Koeck hier insgesamt 422 Patienten.
[318] Zu einem ähnlichen Ergebnis kommt Th. Faltin anhand des Praxistagebuches des Württemberger Laienhomöopathen Eugen Wenz (Faltin 1996, S. 194).
[319] Eine sondierende Untersuchung von etwa zwei Dutzend Autobiographien war völlig unergiebig.
[320] Siehe hierzu auch Wolff 1989, S. 71ff.

lopathie häufig angewendet werden, und leider schon sehr oft zu einem unglücklichen Resultat geführt haben."[321]

Damit verband sich das Argument, durch die Homöopathie werde „der menschlichen Natur nicht so schnell die Kraft benommen, ihr Recht zu behaupten", und man pries, daß sie „den Körper schont".[322] Dementsprechend ergebe es sich wie von selbst,

„daß man sich lieber zu dem Arzte wendet, der den Kranken mit den Plackereien, welche die Allopathie anwendet, verschont, als zu demjenigen, der sie dem Kranken bereitet, daß man viel lieber zu der kleinen Dosis ohne üblen Geschmack greift, als zu jener, die mit großen, massenhaften, mit widerlichstem Geschmack versehenen Arzneien kurirt."[323]

Homöopathische Ärzte hoben zudem die „genaueste Individualisirung des einzelnen Krankheitsfalles" hervor.[324] Im „Streben nach einem absoluten therapeutischem Individualismus" – im Gegensatz zur eher „generalisierenden Methode" der alten Schule – sah Fuchs sogar den Hauptgrund für den Erfolg der Homöopathie.[325] Falls auch die Patienten die Homöopathie so erlebten, dann hätte sie womöglich zugleich besonders gut dem wachsenden Individualitätsbewußtsein im zeitgenössischen Bürgertum entsprochen. Ob die Homöopathen mit ihrer Orientierung an der spezifischen Symptomkonstellation auch die Individualität und Persönlichkeit des Kranken stärker berücksichtigten als die herkömmliche Medizin, bleibt allerdings, wenigstens für die Zeit vor 1850, noch zu klären. Auch die ältere allopathische Medizin bezog die individuelle Konstitution, die je verschiedene Erregbarkeit des Körpers, die jeweilige Lebensweise und ähnliche Faktoren sehr ausgedehnt in die Diagnostik und Therapie mit ein. Gleichzeitig lassen die – freilich mit Vorsicht zu behandelnden – Aussagen über den Umfang einzelner homöopathischer Praxen gewisse Zweifel daran aufkommen, ob sich die Homöopathen ihren Kranken tatsächlich soviel eingehender zuwenden und die je individuellen Verhältnisse stärker berücksichtigen konnten als ihre allopathischen Kollegen, die angesichts einer zunehmenden Ärzteschwemme alles tun mußten, um sich ihre Klientel zu erhalten. Der Nürnberger Homöopath Reuter etwa behandelte auch Patienten in Fürth, ohne täglich dorthin zu fahren. Als dort unter seiner Behandlung der Sohn eines Bierbrauers starb, dessen fortschreitende Besserung er noch eine Stunde vor dem Eintritt des Todes verkündet haben soll, da nahm der Nürnberger Stadtgerichtsarzt den Homöopathen zwar gegen den Vorwurf eines Kunstfehlers in Schutz,

---

[321] VKA 1837, Bd. 15, S. 315. Das bürgerliche Ideal des Maßhaltens taucht mittelbar selbst in gegnerischen Redebeiträgen auf, wenn der Abgeordnete Sewald meinte, man solle anstelle von Homöopathie oder Hydropathie lieber die Mäßigkeitsvereine unterstützen (ebd.).
[322] Ebd., S. 315; VKA 1849/50, Bd. 6, S. 495, Redebeitrag des Abgeordneten Dr. Sepp.
[323] VKR 1850, Bd. 8, S. 391.
[324] [Mahir ?] 1853.
[325] PHZ 36 (1905), S. 1f; Buchner 1857, S. 16.

beklagte jedoch in durchaus nachvollziehbarer Weise Reuters „wahrhaft fabrikmäßiges Vorgehen".[326]

Ein eindeutiger Vorzug der Homöopathie war dagegen aus Laiensicht ihre besondere Eignung zur Selbstbehandlung. Das machte sie für Reisen, für Aufenthalte in ländlichen Regionen oder auch in der Behandlung einfacherer Krankheiten und Unpäßlichkeiten zu einer attraktiven Alternative. Die Homöopathie verschaffte hier ein wichtiges Stück Autonomie – auch dies im übrigen ein zentrales Ideal der bürgerlichen Kultur. Die homöopathischen Ärzte wehrten sich zwar heftig gegen die Behauptung, die homöopathische Behandlung sei einfach zu handhaben, und unterstrichen die Notwendigkeit langjähriger Erfahrung. Die große Verbreitung von homöopathischen Hausapotheken in den höheren Schichten, der Markt für homöopathische Aufklärungsschriften, wie sie auch einige homöopathische Ärzte in Bayern verfaßten, und die Aktivitäten geistlicher und weltlicher Gelegenheitsheiler legen jedoch tatsächlich einen mitunter ausgeprägten Wunsch nahe, die Krankheitsbehandlung selbst in die Hand nehmen zu können. Den Geistlichen und einzelnen anderen Gebildeten auf dem Lande ermöglichte die verhältnismäßig einfache praktische Handhabung homöopathischer Hausapotheken zudem, wie schon geschildert, die Möglichkeit als Laienbehandler in Erscheinung zu treten, wobei sich zwischen häuslicher Selbstbehandlung, Nachbarschaftshilfe und fast professioneller laienhomöopathischer Praxis fließende Übergänge finden. Gerade für die traditionelle pastoralmedizinische Tätigkeit bot die Homöopathie eine besonders attraktive Alternative zu den komplizierten Theorien der zeitgenössischen Universitätsmedizin.[327]

6.4 Homöopathie und bayerische Romantik

Über die bisher genannten Faktoren hinaus ist schließlich für gebildete Laien und Ärzteschaft gleichermaßen ein grundlegendes weltanschauliches Element in Betracht zu ziehen, das womöglich der Homöopathie gerade in Bayern eine besondere Anziehungskraft verlieh und so die im Vergleich zu anderen Staaten besonders ausgeprägte und lange anhaltende Durchsetzungskraft der Homöopathie in Bayern bis in die 1870er Jahre hinein erklären hilft. Gemeint ist die in Bayern besonders starke und noch nach der Jahrhundertmitte verhältnismäßig ungebrochene Wirkkraft romantischen und katholischen Gedankenguts, auf die in den 1930er Jahren schon Rudolf Tischner in diesem Zusammenhang hingewiesen hat.

Bayern hatte eine gewisse Sonderentwicklung hinter sich, bedingt dadurch, daß die Aufklärungsbewegung hier erst in den ersten Jahren des 19. Jahrhunderts politisch und kulturell umfassend wirksam wurde, dann aber in der Ära Montgelas von drastischen Eingriffen in vielfältige Bereiche des gesellschaftli-

---

[326] HStAM MInn 61967, Schreiben der Regierung von Mainfranken vom 24.1.1854.
[327] Vgl. Stolberg 1999 (im Druck).

chen, wirtschaftlichen und politischen Lebens begleitet war und heftige Gegenbewegungen hervorrief.[328] Sowohl kirchliche wie romantisch-naturphilosophische Strömungen standen nun weltanschaulich in einem gewissen Gegensatz zu den neueren materialistischen Auffassungen, wie sie in der aufsteigenden naturwissenschaftlichen Medizin zum Ausdruck kamen. Vor diesem Hintergrund, so Tischner, habe man die Homöopathie in Bayern mehr noch als andernorts als eine attraktive Gegenposition erlebt oder sei ihr wenigstens mit Toleranz begegnet.[329]

Bei genauerer Untersuchung der zeitgenössischen Quellen findet Tischners These mit gewissen Nuancierungen in vielerlei Hinsicht Bestätigung. Die Debatten zwischen den Anhängern und Gegnern der Homöopathie in Bayern stellen sich tatsächlich über weite Strecken als ein Konflikt zwischen Vertretern unterschiedlicher Weltanschauungen und Werthaltungen dar.

Derlei weltanschauliche Differenzen kamen in Bayern erstmals in den 1830er Jahren verstärkt zum Ausdruck, als die Homöopathie ihren Durchbruch erlebte. Die Universitätsmedizin stand damals in Bayern vorwiegend unter dem Einfluß der „naturhistorischen" Schule, die von Würzburg ihren Ausgang nahm und sich vor allem um eine zunehmende Differenzierung und Beschreibung von Krankheitseinheiten bemühte. Daneben gewann die pathologisch-anatomische Erforschung von spezifischen Organveränderungen bei den diversen Krankheiten immer mehr an Bedeutung. Diese Medizin setzte sich damit in ausdrücklichen Gegensatz zu der naturphilosophischen Medizin der Zeit um 1800, die in Krankheitslehre, Diagnose und Behandlung vor allem auf philosophischen Grundannahmen über die Natur von Körper und Universum aufbaute.

Im Blick auf die einflußreichsten bayerischen Homöopathen der Anfangszeit fällt dagegen deren besonders ausgeprägte und anhaltende Nähe zur romantischen Naturphilosophie und ihren teilweise spezifisch bayerischen katholischen Weiterentwicklungen auf. F.S. Widnmann, der erste praktizierende bayerische Homöopath, war ein Schüler des Bischofs Sailer, des führenden Kopfs der bayerischen katholischen Romantik.[330] Joseph Reubel, jahrzehntelang der renommierteste Homöopath an der Münchner Universität, hatte bei einem der wichtigsten Vertreter der deutschen naturphilosophischen Medizin, Andreas Röschlaub, studiert. In seinen Schriften und, soweit erkennbar, auch in seinen Vorlesungen befaßte er sich zeitlebens bevorzugt mit naturphilosophischen Themen und wollte unter anderem die alte, neoplatonisch inspirierte Äthertheorie zur erneuerten Grundlage der zeitgenössischen Physik machen.[331] Auch Heinrich Carl Welsch, um ein anderes Beispiel zu nennen, verwendete in seiner Darlegung der homöopathischen Behandlungsprinzipien eine naturphilosophische Begrifflichkeit, wenn er etwa den menschlichen Organismus als „eine ungeheuere Kette von

---

[328] Vgl. Kraus 1983, S. 429-435.
[329] Tischner 1932-1939, S. 502f.
[330] AZH 1 (1848), S. 52f, Nachruf auf Widnmann.
[331] Reubel 1804 und 1832.

unendlichen, polarisch einander entgegengesetzten, und sich nur durch diesen Gegensatz festhaltenden Kräften" beschrieb.³³² Ein medizinischer Laie, Julius Hamberger, machte sich gar daran, in einem „philosophischen Versuch" den Wert der Homöopathie auf „theoretischem Wege", durch Ableitung aus naturphilosophischen Annahmen über das Wesen des Lebensprinzips, darzulegen.³³³

Die allopathischen Gegner brandmarkten ihrerseits, was sie nach dem Bedeutungsverlust der naturphilosophischen Medizin an den Universitäten als Ausdruck mangelnder Wissenschaftlichkeit der Homöopathie sahen. Vor allem die homöopathischen Verdünnungen und der Verzicht der Homöopathie auf physiologische und pathologische Kausalforschung nährten den Vorwurf der haltlosen Spekulation. F. W. von Hoven hielt die homöopathischen Mittel für „bloße Gedankendinge".³³⁴ Der Arzt und Landtagsabgeordnete Dr. Heine sah sie „in die weiten unbekannten ätherischen Räume" sich verlieren.³³⁵ Und auch der bayerische Obermedizinalausschuß kritisierte den „mystischen Boden der Dynamik", in dem die homöopathische Heilmethode, jeder anatomischen, physiologischen und pathologischen Begründung entbehrend, wurzle.³³⁶

Die aus allopathischer Sicht irrationale Tendenz der Homöopathie erregte um so mehr Anstoß, als gerade sie großen Anteil am Publikumserfolg der Homöopathie zu haben schien. „Die Narrheit stekt an, das ist eine alte Wahrheit, und ist mit der Narrheit gar noch etwas Mystizismus verbunden, dann wird sie ein wahrer Modeartikel",³³⁷ formulierte verärgert Gottfried Eisenmann. Der Homöopath verkünde, dem Kranken, er werde ihn

> „durch ein Ding heilen, welches aufgehört habe, ein Ding zu seyn, das nur noch in der Einbildung bestehe, und gerade dieses Abendroth eines vergangenen Etwas, dieses im Nichtseyn noch fortwürkende Seyn, dieser nicht aus dem Feuer, sondern aus dem Wasser aufsteigende Phönix, dieses unmögliche und doch würkliche Bannen und Binden der geheimnisvollsten Naturkräfte, dieser magische Hocuspocus, das giebt dem Homöopathen den Schlüssel zum Herzen und ein solcher Kram ist dem Geiste unserer Zeit ein eben so großes Labsaal als nur je Mondscheinpasteten und Vergißmeinnichtsalat für den Gaumen hysterischer Fräuleins."³³⁸

---

332 Welsch 1832, S. 6.
333 Hamberger 1832.
334 Schreiben von Hovens vom 5.1.1826 (im Original fälschlich auf 1825 datiert), wiedergegeben in AZB 2 (1835), S. 199f, Zitat S. 200.
335 VKA 1849/50, Bd. 6, S. 492.
336 HStAM MInn 61967, Gutachten des Obermedizinalausschusses aus dem Jahr 1854; auch in den Vereinigten Staaten war damals der (auch xenophobisch geprägte) Vorwurf des „deutschen Mystizismus" eine der wichtigsten ideologischen Waffen der Homöopathiegegner (vgl. Warner 1998).
337 Eisenmann 1836, S. 6.
338 Eisenmann 1836, S. 42f.

E. von Grauvogl sah es ähnlich. 1848, vor seiner Bekehrung zu Hahnemanns Lehre, führte auch er die Anziehungskraft „dieser unsinnigen Methode" vor allem darauf zurück, daß sie „etwas Geheimnisvolles für Gemüthsmenschen unendlich Anziehendes bietet."[339]

Etwa seit der Jahrhundertmitte gewann in den Debatten neben dem Zweifel am wissenschaftlichen Status der Homöopathie vermehrt die philosophische Frage nach dem Stellenwert „materialistischer" Deutungen der Welt, des Menschen und seiner Krankheiten an Bedeutung. Die Universitätsmedizin orientierte sich nun immer mehr am Vorbild der naturwissenschaftlichen Grundlagenfächer und konzentrierte sich auf die Erforschung ätiologischer und pathogenetischer Kausalbeziehungen und ihrer stofflichen, materiellen Grundlagen. Vor diesem Hintergrund geriet der homöopathische „Dynamismus", die Überzeugung von der Existenz und Bedeutung eines höheren, über der nackten Materie stehenden geistigen Prinzips noch mehr als bisher zum Stein des Anstoßes – oder wurde zu einer attraktiven Alternative.

Vor allem J. B. Buchner, der führende Kopf der bayerischen Homöopathen, vertrat in den 1840er und 1850er Jahren in der ärztlichen Materialismusdebatte lautstark den homöopathischen Standpunkt.[340] Programmatisch hierfür ist die Rede, die er 1857 in München als Präsident der Versammlung des Zentralvereins hielt und die im gleichen Jahr unter dem Titel „Galenus und Lycus" im Druck erschien. Auf die allopathische Kritik an der „spekulativen" Tendenz der Homöopathie antwortete er seinerseits mit einem Verdammungsurteil gegen den „materialistischen Dogmatismus" als gefährlichste Form des Dogmas,

> „weil er im Kleide der Wissenschaft erscheint, sich als empirisch vorstellt, wo er nur speculativ ist, weil er die Grenze der Forschung dort aufschlägt, wo er noch lange keine Competenz erlangt hat, weil er weiss, was er nicht brauchen kann und braucht, was er nicht weiss."[341]

Buchner sah die Auseinandersetzung zwischen Homöopathie und Allopathie als Teil einer jahrtausendealten philosophischen Auseinandersetzung um den Primat von „Kraft" und „Materie".[342] Bereits Lycus, so erklärte er seinen Hörern und Lesern, habe im Gegensatz zu Galen nicht nur das Simile-Prinzip über das Contraria-Prinzip erhoben. Er habe zugleich auch die Elementarqualitäten verworfen und damit die Grundlage jener allopathischen Humoralpathologie, die ihrer Natur nach „immer zum Mechanischen" neige. Die wissenschaftliche Seriosität der homöopathischen Annahme dynamischer Arzneimittelwirkungen suchte er sodann durch den Hinweis auf zahlreiche Erkenntnisse und Erklärungs-

---

[339] Von Grauvogl 1848, S. 48.
[340] Dies entsprach Buchners philosophischen Interessen. Er hatte vor seinem Medizinstudium Theologie studiert und sogar die niederen Weihen erhalten. Seine Schriften sind von einem ausgeprägten philosophisch-gelehrten Anspruch durchdrungen und mit zahllosen Literaturverweisen auf die Werke der abendländischen philosophischen Tradition versehen.
[341] Buchner 1857, S. 16.
[342] Buchner 1857, S. 6.

modelle der zeitgenössischen Physik und Chemie zu belegen, die Schlüsselphänomene der Natur wie Wärme, Licht und Galvanismus als Ausdruck immaterieller Kräfte interpretierten.

Die Gegner der Homöopathie stellten der dynamischen Auffassung von Krankheit und Arzneimittelwirkung in der Homöopathie wiederum ihre eigene Überzeugung gegenüber, wonach Krankheit nie allein geistiger Natur sei, sondern alle Körpervorgänge strikt stofflich, mit der materiellen Läsion eines Organs verbunden seien.[343]

Die philosophische Dimension, die der Konflikt zwischen Allopathie und Homöopathie damit verstärkt annahm, verschärfte die Gegensätze. Für jene Ärzte, die sich mit der Entwicklung der Schulmedizin nicht anfreunden konnten, bot die Homöopathie vor diesem Hintergrund andererseits nicht mehr nur eine praktische, sondern bis zu einem gewissen Grad auch eine weltanschauliche Alternative. F. Karl Gerster, als Sohn eines der bekanntesten bayerischen Homöopathen ein guter Kenner der Szene, sah tatsächlich eine enge Verbindung zwischen den weltanschaulichen Neigungen mancher Ärzte und ihrer Hinwendung zur Homöopathie:

„Fast nie widmen sich materialistisch denkende Aerzte der Homöopathie, meist sind es feiner empfindende, zum Psychismus oder Spiritualismus neigende Männer, die zu ihren meist materialistisch denkenden allopath. Collegen in schroffem Gegensatz stehen."[344]

Karl Stauffer und seine Beschäftigung mit Irisdiagnose, Magnetopathie und okkultistischen Praktiken wurden im übrigen schon erwähnt; er soll sich weltanschaulich zunehmend dem Buddhismus genähert haben.[345] Karl Gersters Interesse an Mesmerismus und Geisterbeschwörungen weist in eine ähnliche Richtung – er veröffentlichte sogar die mit religiösen Begriffen durchdrungenen Antworten, die die heraufbeschworenen Geister angeblich auf Befragung von sich gegeben hatten.[346]

Die „Materialismus"-Debatte war wiederum in der kulturellen Welt des 19. Jahrhunderts weit mehr als nur eine intellektuelle, philosophische Angelegenheit. Sie war eng verbunden mit aktuellen Auseinandersetzungen um moralische und religiöse Fragen und um den politischen Stellenwert des christlichen Glaubens in den zeitgenössischen Gesellschaften. An manchen Stellen brachten die homöopathischen Schriften diesen Zusammenhang ganz unmittelbar zum Ausdruck, wenn beispielsweise Buchner den „Materialismus" als unfähig bezeichnete, „die Persönlichkeit und die Individualität zu erklären"[347] und ihn für den wachsenden Egoismus im mitmenschlichen Zusammenleben ebenso ver-

---

[343] So etwa Kunkel 1902 und Dr. Hauber in seinem Redebeitrag vor der bayerischen Abgeordnetenkammer 1904 (VKA 1904, Bd. 14, S. 458).
[344] Gerster 1892, S. 56.
[345] AHZ 178 (1930), S. 435f.
[346] Gerster 1854 und 1889.
[347] Buchner 1857, S. 6.

antwortlich machte wie für „die Würdigung der Menschen nach Arbeitskräften, wie man bei Dampfmaschinen nach Pferdekräften rechnet".[348]

Die Annahme liegt nahe, daß die „antimaterialistische" Position der Homöopathie sie umgekehrt wiederum auch als konkretes Heilsystem für bestimmte Gruppen besonders attraktiv machen mußte, an erster Stelle für kirchennahe Kreise. Schon F. K. Gerster begründete die besondere Anziehungskraft der Homöopathie auf den Klerus (wie auch auf den Adel) damit, daß man dort „dem Materialismus und Rationalismus am meisten abhold" sei.[349] In der Tat spielte der Klerus in den Landtagsdebatten wie in der bayerischen Laienhomöopathie eine führende Rolle. An prominente Kleriker wie Max von Schenck und J. Lindner ist hier zu denken, aber auch an die zahlreichen einfachen geistlichen Laienhomöopathen. Aufschlußreich ist in diesem Zusammenhang auch der Blick auf die Heilmethoden, derer sich der katholische Klerus in Bayern im Rahmen seiner pastoralmedizinischen Tätigkeit ansonsten bediente. Neben der Homöopathie standen hier vor allem Sympathieheilungen und Exorzismus im Vordergrund, Heilverfahren also, die stärker noch als die Homöopathie auf das immaterielle, geistige, spirituelle Element im Krankheitsgeschehen abzielten.[350] Für einige katholische Geistliche ist bezeichnenderweise sogar ausdrücklich die gleichzeitige Ausübung von Homöopathie, Gebets- und Sympathieheilungen oder Exorzismus überliefert. Der Pfarrer J. Lindner, immerhin Vorsitzender des „Homöopathischen Vereins für Bayern" soll beispielsweise neben der Homöopathie unter anderem das sogenannte „An-" oder „Wegblasen" von Zahnweh praktiziert haben und von dem Strahlfelder Hilfsgeistlichen Martin Wittmann hieß es, er betreibe die Homöopathie „sehr ausgedehnt und verstärkt seine Streukügelchen mit Segenssprüchen".[351] Auch Pfarrer Franz Stiegeler im schwäbischen Bezirk Mindelheim befaßte sich angeblich gleichermaßen mit homöopathischen Heilversuchen und mit „Benediciren und Exorciren" und soll dabei einen „ungeheuren Zulauf" genossen haben.[352] Selbst in gemischt-konfessionellen Gebieten sollen übrigens „verhältnismässig mehr die katholischen" Geistlichen eine Vorliebe für die Homöopathie gezeigt haben.[353] Und in Niederbayern deutet sich sogar an, daß die Geistlichen die Homöopathie im Rahmen ihrer pastoralmedizinischen Tätigkeit in gewisser Weise buchstäblich als Werkzeug im Kampf gegen „materialistische" Ärzte gebrauchten. Jedenfalls klagte man

---

[348] Buchner 1857, S. 7.
[349] Gerster 1892, S. 56.
[350] Zur Pastoralmedizin im allgemeinen vgl. Pompey 1980; eine systematische Analyse der zeitgenössischen pastoralmedizinischen Literatur auf homöopathische Inhalte bleibt noch zu leisten.
[351] HStAM MInn 61355, tabellarische Aufstellung der „Kurpfuscher" in den Regierungsbezirken Oberbayern bzw. Regensburg und Oberpfalz vom 3.3.1874 und 12.3.1874; Majer 1876, S. 367, Fußnote zu Lindner.
[352] HStAM MInn 61356, „Pfuscher"-Tabelle für Schwaben und Neuburg vom 5.3.1879; er soll sich obendrein auch mit Frauenkrankheiten und Geburtshilfe befaßt haben.
[353] Majer 1875, S. 505. In seiner Auseinandersetzung mit dem homöopathiefeindlichen W. Brenner-Schäffer betonte K. Gerster wiederum, vom inhaltlichen Zusammenhang her völlig unmotiviert, dessen protestantische Konfession (HMVGH 6 [1880], S. 12).

dort namentlich über die Kleriker, die in vielen Bezirken „durch Ausübung der Homöopathie manchen ihnen mißliebigen Arzt brach legen."[354]

Im engeren politischen Raum gingen klerikale und antimaterialistische Positionen damals wiederum weit überwiegend mit konservativen Grundüberzeugungen einher, und auf eine besondere Anziehungskraft der Homöopathie auf politisch konservative Kreise gibt es in Bayern ebenfalls mancherlei Hinweise.[355] So war Karl von Seinsheim, der sich als Regierungspräsident des Isarkreises und später im bayerischen Landtag immer wieder für die Homöopathie einsetzte, Ende der 1820er Jahre ebenso wie Ringseis führendes Mitglied im konservativ-katholischen Eoskreis.[356] Die wichtigste Stütze der Homöopathie im politischen Leben des Königreichs war mehr oder weniger über das ganze 19. Jahrhundert die im allgemeinen stärker konservativ eingestellte Kammer der Reichsräte.[357] In der Abgeordnetenkammer hatte wiederum beispielsweise Pfarrer Lindner seinen Sitz auf der rechten Seite.[358] Einer der lautstärksten ärztlichen Gegner der Homöopathie war andererseits der schon erwähnte Gottfried Eisenmann, der 1832 wegen seiner liberalen Überzeugungen für mehrere Jahre ins Gefängnis gesperrt wurde.[359] Sorgfältig dokumentieren die stenographischen Protokolle der Landtagsdebatten um 1900 die Provenienz beistimmender Zurufe zu Redebeiträgen von Anhängern der Homöopathie von der rechten Seite und zu denen der Gegner von der linken. Die Forderung nach Errichtung eines homöopathischen Lehrstuhls soll denn auch 1902 „mit 51 meist schwarzen gegen 41 meist liberale Stimmen" verabschiedet worden sein.[360]

In einer geradezu paradoxen Umkehrung der Fronten nahmen die konservativen Befürworter der Homöopathie freilich auch libertäre Argumente für sich in Anspruch. Während die Anhänger des Liberalismus einem Monopol der herrschenden Schulmedizin das Wort redeten, plädierte die konservative Seite für die Freiheit von Medizin und Wissenschaft und forderte in fast plebiszitärer Ar-

---

[354] HStAM MInn 61355, Begleitschreiben der Regierung von Niederbayern vom 30.3.1874.
[355] Ähnliches gilt beispielsweise auch für den bedeutendsten Württemberger homöopathischen Verein, die „Hahnemannia" (vgl. Staudt 1998). Dies steht im Gegensatz zur damaligen Lage in den Vereinigten Staaten, wo die Homöopathie eher bei Anhängern der politischen Reformbewegung Unterstützung gefunden haben soll (Rogers 1998). In England wiederum lief die Frontlinie zwischen den beiden großen, stark rivalisierenden homöopathischen Vereinen, der „British Homoeopathic Society" und der „English Association of Homoeopathy" ein Stück weit parallel zu jener zwischen konservativen Whigs und der Staatskirche einerseits und den liberalen Nonkonformisten andererseits (Rankin 1988).
[356] Spindler 1979, bes. S. 120f und 144-147; s.a. Ringseis 1834; L. Griesselich zufolge soll Ringseis ohne tiefere Kenntnisse sogar versucht haben, die homöopathische Lehre „seinen Ansichten über Religion anzupassen". Wie es gehen sollte, die Homöopathie mit von Ringseis' „mystische[m] Unfuge in Einklang zu bringen", war ihm allerdings rätselhaft (Griesselich 1832, S. 80).
[357] Sie setzte sich vor allem aus Prinzen des Herrscherhauses, Standesherren, höchsten Verwaltungsbeamten und solchen Mitgliedern zusammen, die vom König auf Lebenszeit oder erblich ernannt wurden.
[358] HMVGH 5 (1879), S. 49-51, Nachruf auf Lindner.
[359] Eisenmann 1836 und 1838; Eisenmann war ein Anhänger der erwähnten „naturhistorischen" Schule von Johann Lukas Schönlein (vgl. Bleker 1988, besonders S. 12).
[360] VKA 1901/02, Bd. 9, S. 984; VKA 1904, Bd. 14, S. 455f; MMW 49 (1902), S. 1127.

gumentation die Achtung vor den erklärten Wünschen eines ansehnlichen Teils der Bevölkerung ein. So lange „die Nichtigkeit oder positive Schädlichkeit der Homöopathie nicht entschieden nachgewiesen" sei, brachte der als erzkonservativ verrufene Ringseis im Jahr 1844 diese Auffassung auf den Punkt, habe nach seiner Überzeugung keine Regierung „ein Recht, das mündige Publikum bis zu dem Grade zu bevormunden, ihm vorzuschreiben, welcher Klasse rechtmässig promovirter Aerzte es sich zu bedienen habe, der Brownianer oder Anti-Brownianer, der Blutscheuen oder blutdürstigen, der hydromanen oder hydrophoben etc." Denn den „Wünschen u. Anträgen der *Majoritäten* zu folgen, scheint in *diesen* Dingen eben so unrecht, als in Angelegenheiten der Confessionen".[361]

Extreme Positionen wie die von H. Groß, Autor einer Schrift „Ueber den gegenwärtigen Zustand der Homöopathie, über die Juden und mehreres Andere" aus dem Jahr 1868, scheinen dagegen auch unter den konservativreaktionären Homöopathen Bayerns keinen Widerhall gefunden zu haben.[362] Gewiß, sein Bild von einer gedeihlichen Arzt-Patienten-Beziehung dürfte auf offene Ohren gestoßen sein: in einer Zeit von Materialismus, Erwerbsdrang und ärztlicher Massenpraxis sah Groß die besten Voraussetzungen dort, wo der homöopathische Arzt „in Muße und patriarchalischer Ruhe arbeiten könne", wo „der Kranke ohne Skeptik und anspruchsvolle Dilettantenweisheit in ähnlicher Gemütsruhe den Bemühungen des Arztes entgegenkommt". Doch Groß ging weiter. Für ihn war die Homöopathie „eine ächt deutsche Entdeckung", die nur in deutschen Händen gedeihen konnte, „während sie in den Händen der mit des Gründers Geiste unbekannten, fremden Nationalen vielfach in die traurigste Pfuscherei ausgeartet ist." Insbesondere klagte er über eine wachsende Zahl von homöopathischen Veröffentlichungen aus jüdischer Feder und wehrte sich, „Weltbürgerthum, Pseudo-Humanität, Aufklärich u. a. Schiboleths" zum Trotz, gegen das „Eindringen von modernem Romanismus und Mosaismus in die Homöopathie".[363]

6.5 Homöopathie und „Volksmedizin"

Zum Verständnis der – letztlich eher begrenzten – Anziehungskraft der Homöopathie in der großen, weitgehend ungebildeten Bevölkerungsmehrheit hilft das bisher Gesagte nur sehr beschränkt weiter. Die Alltagskultur der Unterschich-

---

[361] HStAM MInn 61965, auf den 1.5.1844 datierter und von Ringseis unterzeichneter Vortrag, der aber offenbar erst in der Sitzung des Obermedizinalausschusses vom 18.5. zur Sprache kam; Hervorhebung im Original. Die Debatte um Ringseis' Prämisse, die unbewiesene Nichtigkeit oder gar Schädlichkeit der Homöopathie, hält bekanntlich bis heute an. Einen breiten Überblick über 40 randomisierte Studien zur Wirksamkeit homöopathischer Mittel von 1966 bis 1989 gaben in jüngerer Zeit (aus allopathischer Sicht und mit weitestgehend negativem Fazit) Hill/Doyon 1990.
[362] Groß 1858.
[363] Ebd., Zitate S. 7.

ten vor allem auf dem Lande unterschied sich in wesentlichen Punkten von jener der Eliten und konnte sich über weite Strecken ein hohes Maß an Eigenständigkeit bewahren. Das gilt ganz besonders für den medizinischen Bereich. Trotz wachsender staatlicher und polizeilicher Repression war diese „volksmedizinische"[364] Alltagskultur bis weit ins 19. Jahrhundert von einer Vielzahl unterschiedlicher Typen von Heilern getragen. Das Spektrum reichte von einfachen Badern und Arzneimittelhändlern über Spezialisten für einzelne Krankheiten oder Diagnose – und Behandlungsverfahren, wie Knochensetzer und Harnschauer, bis hin zu jenen, die sich auf die geheimnisvollen Rituale des Besegnens, Besprechens oder Wegblasens von Krankheiten verstanden. Die Ärzte, die gegen diese unliebsame Konkurrenz antraten, sahen sich immer wieder mit der geballten Solidarität der Landbevölkerung konfrontiert und selbst die örtlichen Justiz- und Polizeibehörden zögerten vielfach mit einschneidenden Maßnahmen.[365]

Für das Schicksal der Homöopathie war das anhaltende Gewicht dieser traditionellen medikalen Kultur insofern entscheidend, als die konzeptuellen Grundlagen dieser medikalen Kultur, insbesondere die Auffassungen von einer wirksamen Therapie, die Homöopathie weitgehend als Fremdkörper erscheinen ließen.[366] In der bayerischen Abgeordnetenkammer hatte man schon frühzeitig gewarnt:

> „Ob sie [die Homöopathie] aber gerade in unserm lieben Bayern grossen Anklang finde, muß erst die Zukunft beweisen, denn der kräftige bayerische Volksstamm will grosse Löffel und grosse Humpen".[367]

Ein zeitgenössischer Landarzt führte die Unterschiede zur bürgerlichen Heilkultur näher aus:

> „Man erwartet von den Heilmittel (sic) aber rasche u. handgreifliche Erfolge, so insbes. starken Schweiß, reichliche und starke Entleerungen, welche für erwünschte Ergebnisse gehalten werden. [...] Darum huldigt sie [die Bevölkerung] auch der Homöopathie nicht sonderlich, weil diese Doktrin ihr zu langwierig, gering kräftig zu sein, und, kurz gesagt, keine *Knalleffekt* zu bewirken scheint."[368]

Die hier skizzierte therapeutische Erwartungshaltung ist für weite Kreise der Landbevölkerung vielfach und bis weit in die zweite Hälfte des 19. Jahrhunderts hinein belegt.[369] Wenn ein Arzneimittel oder ein anderes Behandlungsverfahren als wirksam gelten sollte, dann mußte diese Wirksamkeit klar, rasch und eindeutig zu Tage treten, und zwar vor allem dadurch, daß der mutmaß-

---

[364] Zur Problematik des Begriffs vgl. Stolberg 1997.
[365] Vgl. Stolberg 1986.
[366] Vgl. zum folgenden Stolberg 1986 und 1993.
[367] VKA 1843, Bd. 18, S. 34.
[368] BSB Cgm 6874/111, Hervorhebung im Original.
[369] Vgl. BSB Cgm 6874; Stolberg 1993.

liche Krankheitsstoff in mehr oder weniger drastischer Weise aus dem Körper ausgeschieden wurde. Diese Haltung machte selbst den allopathischen Ärzten damals erheblich zu schaffen. Die Homöopathen gar konnten mit den kräftigen Brech- und Abführmitteln der allopathischen Laienbehandler und Handwerkschirurgen noch schwerer mithalten. Zwar meinte Karl Gerster Ende der 1870er Jahre, die Zeiten seien nun „glücklich vorbei, wo man die Geschicklichkeit des Arztes darnach beurtheilte, wenn auf seine Ordination eine tüchtige Explosion nach oben und unten erfolgte"[370], doch Gerster dürfte sich in erster Linie auf die Handwerker und Bürger in seiner Regensburger Praxis und nicht auf das eigentliche Land bezogen haben.

Allerdings läßt sich die ländliche „Volksmedizin" nicht gänzlich auf die bloße Anwendung drastischer, „ausräumender" Mittel beschränken. Es gab neben der Anwendung von Drastika, Aderlaß und Blutegeln eine jahrhundertealte, tief verwurzelte Tradition des Vertrauens in Universalmittel und spezifische Geheimmittel. Im Rahmen dieser Tradition einer Suche nach der richtigen Arznei für die betreffende Krankheit oder das betreffende Organ konnte die Homöopathie schon eher ihren Platz auch in der ländlichen medikalen Kultur finden. Eine gewisse geheimnisvolle Aura, wie man sie von gegnerischer Seite der Homöopathie öfters vorwarf, war hier womöglich sogar von Vorteil. Die fahrenden Arzneikrämer und Operateure mit ihren Lebens-Essenzen und Sternen-Elixieren pflegten eine solche Aura ganz gezielt. Die Beliebtheit der Heilrituale zeitgenössischer Krankheitsbesprecher und Sympathieheiler läßt ebenfalls eine verbreitete Bereitschaft erkennen, auf verborgene, übernatürliche Heilkräfte zu vertrauen. Ohne daß deshalb notwendig das homöopathische Gedankengut mit übernommen wurde, konnte daraus eine analoge Bereitschaft erwachsen, den geheimnisvollen Wirkungen homöopathischer Mittel zu vertrauen.

Begrenzt wurden die Entfaltungschancen der Homöopathie freilich auch auf dieser Ebene durch die Erwartung einer raschen und eindeutigen Wirkung, wie sie die geduldige homöopathische Behandlung unter Einbeziehung einer differenzierten Diätetik nur ausnahmsweise erfüllen konnte. War der Behandlungsversuch mit einem „Spezifikum" nicht unmittelbar erfolgreich, so mußte der Heilkundige auf dem Lande, ob Homöopath oder nicht, jedoch damit rechnen, bald wieder zugunsten eines anderen Arztes, Chirurgen oder Laienbehandlers verlassen zu werden, in der Hoffnung, daß dieser das spezifische Heilmittel, das richtige „Kraut" kenne, das gegen die betreffende Krankheit gewachsen war. „Weiter schauen" nannten die Landleute dieses offenbar sehr verbreitete Verhaltensmuster.[371]

Eine gute Voraussetzung für die feste Etablierung der Homöopathie als eigenständiges Heilangebot in der ländlichen Gesundheitsversorgung war all dies nicht. Allenfalls eröffneten sich gewisse Nischen im Rahmen einer eklektischen Erweiterung des Behandlungsangebots, wie sich das für die homöopathisie-

---

[370] HMVGH 5 (1879), S. 69.
[371] Stolberg 1993.

renden Bader und Wundärzte andeutet. Selbst Franz Andreas Ott, dem es ungewöhnlich gut gelang, die Bevölkerung für die Homöopathie zu mobilisieren, sah sich gezwungen, seinen Patienten wahlweise eine allopathische oder homöopathische Behandlung anzubieten und sich ihren Wünschen nicht selten widerwillig zu beugen.[372]

---

[372] Ott 1842, S. 460.

7 Schluß

Trotz vielfältiger Widerstände, von seiten der allopathischen Ärzte wie von seiten großer Teile der Bevölkerung und trotz eines gewissen Bedeutungsverlustes gegen Ende des 19. Jahrhunderts stellt sich die Geschichte der Homöopathie im Königreich Bayern über weite Strecken als eine Erfolgsgeschichte dar. Unter den europäischen Staaten bietet, abgesehen von Sachsen, für die Zeit bis etwa 1870 allenfalls Österreich, soweit der bruchstückhafte Forschungsstand ein Urteil zuläßt, eine vergleichbar günstige Entwicklung.[373] Ohne den unmittelbaren, persönlichen Einfluß Hahnemanns, wie er in Sachsen wirksam war, gewann die Homöopathie zahlreiche Anhänger unter den bayerischen Ärzten, darunter einige der renommiertesten, ursprünglich allopathisch orientierten Ärzte. Der mächtigste Arzt im bayerischen Gesundheitswesen, J.N. Ringseis, führte bereits um 1830 persönlich homöopathische Behandlungsversuche durch. 1836 wurde erstmals in Deutschland mit staatlichen Geldern in München ein homöopathisches Spital eröffnet. Jahrzehntelang war die Homöopathie mit mindestens einem Dozenten oder Professor an der Münchner Universität vertreten. Erstmals und bis in die 1920er Jahre einmalig in Deutschland[374] wurde 1851 eine Professur ausdrücklich für die Homöopathie eingerichtet, wenn auch nur eine Honorarprofessur ohne eigenen Lehrstuhl. Studenten konnten in München mit explizit homöopathischen Thesen die Promotion erlangen. Hohe Regierungskreise und selbst Teile der königlichen Familie wandten sich der Homöopathie zu und unterstützten öffentlich deren Anliegen.

Die berufsmäßigen Homöopathen verstanden es ihrerseits, die eigenen Interessen wirksam voranzutreiben. Die von Martin Dinges im Blick auf Gesamtdeutschland formulierte These, es sei hier „ein weitgehender Fehlschlag der Bemühungen homöopathischer Ärzte und ihrer Vereine um die Erringung von Einfluß zu verzeichnen", läßt sich für das Königreich Bayern in dieser Form nicht bestätigen.[375] Zunächst erfolgte die Einflußnahme, zugegebenermaßen schwerer nachweisbar, offenbar überwiegend im unmittelbaren, persönlichen Kontakt mit führenden Vertretern von Regierung und Verwaltung, als deren Haus- und Leibärzte etliche bayerische Homöopathen dienten, so etwa bei dem Vorstoß Reubels zur Gründung eines homöopathischen Spitals 1832. Später, mit zunehmender Ausbreitung der Homöopathie, trug man die eigenen Wünsche verstärkt kollektiv in Form von förmlichen Eingaben und Petitionen an König und Regierung vor. Wiederholt konnte man dadurch eine Revision bereits gefallener Beschlüsse erreichen oder für die Homöopathie negative Entwicklungen von vornherein verhindern.

---

[373] Vgl. Tischner 1932-39, S. 507-512; Geschichte 1906; Drexler/Bayr 1996.
[374] Vgl. Mai 1996.
[375] Dinges, Macht 1996.

7 Schluß

In beachtlichem Maße gelang es zudem, die Laienbevölkerung und hier insbesondere die gebildeten Schichten für die eigenen Anliegen zu mobilisieren. Die beiden Kammern des Landtags, vor allem das Oberhaus, wurden zu einem wichtigen Sprachrohr homöopathischer Interessen. Einzelne Homöopathen konnten zahlreiche Bürger auch aus der einfacheren Bevölkerung zur Unterschrift unter ihre Petitionen gewinnen, und das Ausmaß, in dem manche Homöopathen darüber hinaus in ihren Praxen, im persönlichen Gespräch, zugleich politische Überzeugungsarbeit leisteten, läßt sich nur mehr erahnen. J.B. Buchner soll beispielsweise in seiner Praxis viele Hunderte kleiner Handzettel verteilt haben, worin – so die Formulierung Ringseis' – „mit pöbelhaften Ausdrücken über die historische Medizin u. ihre Anhänger geschimpft wird."[376]

Bemerkenswert ist auch das Geschick, mit dem insbesondere die Münchner Homöopathen Spenden und Legate für die homöopathische Heilanstalt und die angeschlossene Poliklinik einzuwerben verstanden. Stellt sich die Geschichte der homöopathischen Heilanstalten in Deutschland weithin als eine Geschichte unterkapitalisierter Gründungen dar,[377] so gelang es Buchner in kürzester Zeit und trotz der konkurrierenden Initiative des „Vereins für specifische Heilkunde", eine Anstalt einzurichten und deren Kapitalbasis in den folgenden Jahren stetig auszuweiten.

Zweifellos gelang es den Homöopathen trotzdem nur zum Teil, die von ihnen gewünschten gesetzlichen und administrativen Rahmenbedingungen durchzusetzen. Die bayerischen Homöopathen selbst malten ihre Lage sogar in ungemein düsteren Farben aus, wenn ihrer Schilderung zufolge „in keinem deutschen Lande die Homöopathie stärkeren Verfolgungen ausgesetzt war, als in Bayern".[378] Derartige Urteile lassen sich jedoch nur unter vergleichender Abwägung des Erreichbaren und des tatsächlich Erreichten sinnvoll einordnen. Der Wunsch nach Einrichtung eines homöopathischen Lehrstuhls und einer dazugehörigen Klinik ging im 19. Jahrhundert in keinem deutschen Staat in Erfüllung, und mit der staatlichen Gründung eines homöopathischen Choleraspitals und der Einrichtung der einzigen deutschen Honorarprofessur steht Bayern hier ganz im Gegenteil immer noch an der Spitze. Mit ihrer Forderung nach Vertretung in den Gremien der Medizinalverwaltung konnten die bayerischen Homöopathen zwar gleichfalls nicht vollständig durchdringen, doch über lange Zeit wurden sie ohne formelle Grundlage in die Entscheidungsprozesse eingeschaltet und später wurde ihnen per Verordnung eine Mitsprachemöglichkeit wenigstens bei all jenen Belangen eingeräumt, die die Homöopathie betrafen. Auch das war eine Form staatlicher Anerkennung.

Etwas schwieriger einzuschätzen ist die Bedeutung des vorübergehenden Verbots der Homöopathie in öffentlichen Krankenanstalten, doch wahrschein-

---

[376] HStAM MInn 62967, Gutachten Ringseis' vom 30.3.1857.
[377] Dinges, Macht 1996; Eppenich 1995.
[378] PHZ 11 (1880), S. 65 (Ausschnitt aus einer Rede von Puhlmann über die homöopathisch-ärztliche Praxis in Deutschland).

lich hatte die Verordnung eher symbolische Bedeutung. Sie setzte voraus, daß Homöopathen überhaupt in entsprechende Ämter gelangten; inwieweit einzelne homöopathische Ärzte außerhalb Bayerns, wo ein solches Verbot nicht galt, tatsächlich an allopathisch orientierten Anstalten auch homöopathische Behandlungen durchführten, wäre erst noch zu überprüfen. Im übrigen konnten sich Schroen in Hof und Ott in Mindelheim offenbar ungestraft über das Verbot hinwegsetzen.[379] Schließlich belegt der erfolgreiche Kampf der Homöopathen gegen dieses Verbot nochmals anschaulich ihre Fähigkeit, die eigenen Belange auch ohne förmliche Organisation wirksam zu vertreten.

Eine echte, auch langfristig wirksame Benachteiligung der bayerischen Homöopathen im Vergleich zu ihren Kollegen in den meisten anderen Staaten findet sich dagegen in der Frage der Selbstdispensation. Bayern war zwar einer der ersten Staaten, der den Homöopathen dieses Recht gewährte, doch 1842 wurde es wieder außer Kraft gesetzt, während andere Staaten in wachsender Zahl eben dieses Recht einräumten. Gewiß, die bayerischen Homöopathen konnten wenig später massive Auflagen für jene Apotheker durchsetzen, die auch homöopathische Mittel abgeben wollten, Auflagen, die den Homöopathen de facto vielerorts weiterhin die legale Abgabe von Arzneien ermöglichten – erneut ein wichtiger Erfolg homöopathischer Interessenpolitik und der Mobilisierung einflußreicher Laienkreise. In den Großstädten und allmählich auch in manchen kleineren Orten wurde der homöopathischen Selbstdispensation aber langfristig doch die rechtliche Grundlage entzogen.

Zwei Dinge sind hier freilich einschränkend anzumerken: zum einen wurde das Verbot der homöopathischen Selbstdispensation vielerorts, auch nach Schilderung der bayerischen Homöopathen selbst, offenbar nur sehr halbherzig durchgesetzt.[380] Zum anderen ist die Haltung der bayerischen Regierung im Gesamtzusammenhang ihrer Gesundheitspolitik zu sehen. Wie kein anderer deutscher Staat hatte sich Bayern zu Beginn des 19. Jahrhunderts um den Aufbau eines straff gegliederten Medizinalwesens bemüht, mit klarer Kompetenzverteilung und der Einrichtung von Hunderten sogenannter Gerichtsarztstellen als unterster Verwaltungsebene, die zugleich die ärztliche Versorgung der Landbevölkerung sichern sollte. Durch erhöhte Ausbildungsanforderungen an das unterärztliche Personal und die Schaffung spezieller Schulen hoffte man, die Qualität der medizinischen Versorgung zu verbessern. Das Hebammenwesen wurde neu strukturiert. Mit zunehmender Schärfe ging man gegen die von weiten Bevölkerungskreisen bevorzugten dörflichen Laienbehandler vor.[381] Vor diesem Hintergrund des umfassenden Bemühens um eine rationale Umgestaltung des Gesundheitswesen wird die rigide Haltung der bayerischen Verwaltung verständlicher, auch wenn, ähnlich wie im Kampf gegen irreguläre Heiler, der Ein-

---

[379] So Nusser in seiner Eingabe an das Innenministerium von 1848 (wiedergegeben in AZH 1 [1848], S. 127-129).
[380] HStAM MInn 61967, Gesuch Buchners vom 27.10.1856.
[381] Stolberg 1986; Probst 1984 und 1992.

7 Schluß

fluß (allopathischer) ärztlicher Professionalisierungsinteressen sicher nicht zu unterschätzen ist. Das von den Homöopathen geforderte Recht auf Selbstdispensation war zweifellos ein Privileg, das ihnen, gegenüber konkurrierenden allopathischen Ärzten klare Vorteile verschafft hätte, beziehungsweise dort, wo sie dieses Privileg genossen, tatsächlich verschaffte. Die hohen Preise der Apotheker waren notorisch, und in der Tat mußte es, wie es behördenintern hieß, „dem Landbewohner bey der oft stundenweiten Entfernung von dem ärztlichen Wohnsitze sehr gelegen" kommen, „nicht bloß das Recept, sondern sogleich auch das Heilmittel selbst aus den Händen des Arztes zu empfangen, und in solcher Weise eines zweiten, vielleicht ebenfalls stundenweiten Ganges nach der nächsten öffentlichen Apotheke sich überhoben zu sehen."[382] Außerdem war es schwer zu kontrollieren, ob nicht manche homöopathische Ärzte ihr Dispensierrecht womöglich mißbrauchten und mehr oder weniger unverdünnte Medikamente im Sinne einer allopathischen Behandlung abgaben. Viele bayerische Homöopathen verwendeten niedrige Verdünnungen,[383] und etliche behandelten, wie schon erwähnt, je nach Wunsch des Patienten homöopathisch oder allopathisch. Die Gesundheitsverwaltung behauptete sogar einen regelrechten Versandhandel:

> „Die homöopathischen Ärzte wollen den lukrativen Arzneihandel nicht aus den Händen geben, welchen sie nicht nur bei den Kranken, die sie behandeln, sondern auch durch Verschikung (sic) kleiner homöopathischer Handapotheken nach auswärts treiben."[384]

Nichts hinderte die homöopathischen Ärzte zudem daran, die Kosten für ihre unentgeltlich abgegebenen Mittel mittelbar über entsprechend höhere Honorarforderungen einzutreiben. Das Recht auf homöopathische Selbstdispensation stand somit in deutlichem Widerspruch zu der Idee einer modernen, einheitlichen, aufgeklärten Gesundheitspolitik, wie sie in Bayern vorherrschte – es sei denn, man wollte das Dispensierrecht allen Ärzten gleichermaßen gewähren.

So wird man in Bayern für die Zeit etwa zwischen 1830 und 1870 insgesamt, trotz solcher Einschränkungen, von einer Blütezeit der Homöopathie sprechen können, an der die große und anhaltende Geltungskraft „romantischer" und antimaterialistischer Strömungen im Königreich und die Unterstützung führender Kreise wesentlichen Anteil hatte.

Im ausgehenden 19. Jahrhundert geriet die Homöopathie in Bayern dann freilich, ähnlich wie in anderen Staaten, verstärkt unter Druck, nunmehr nicht so sehr durch gesetzliche Maßnahmen als durch die steigende Anziehungskraft der Schulmedizin.[385] Mit der Einführung der gesetzlichen Krankenversicherung

---

[382] HStAM MInn 61964, Vorlage an den König vom 30.6.1842.
[383] So etwa die Regierung von Oberbayern in einem Schreiben vom 14.11.1843 an den König (HStAM MInn 61965). Franz Eberle etwa verwandte meist die 3. und oft auch die 1. Potenz (AHZ 127 [1893], S. 141, Nachruf).
[384] HStAM MInn 61966, unsignierter Aktenvermerk vom 10.3.1852 zu einer Bittschrift der Homöopathen vom 25.2.1852.
[385] Vgl. Tischner 1932-39, S. 628-630; Lodispoto 1987, S. 29-35.

kamen auch die unteren Bevölkerungsschichten zunehmend mit akademischen Ärzten in Berührung und begannen ihnen verstärkt Vertrauen zu schenken. Zur gleichen Zeit wandelte sich die Schulmedizin mit der Einführung experimenteller und statistischer Methoden auf breiter Ebene immer mehr zu einer naturwissenschaftlich begründeten Disziplin. Das steigerte nicht nur nach Jahrzehnten der Skepsis das Selbstbewußtsein in den eigenen Reihen. Die allopathischen Ärzte kamen damit gleichzeitig in den Genuß der wachsenden öffentlichen Wertschätzung für die Naturwissenschaften insgesamt, die damals in immer breiteren Bevölkerungskreisen und bis in die Arbeiterbewegung hinein auf dem besten Weg waren, zu einer Art Religionsersatz zu werden. Neue Krankheiten wurden identifiziert, pathologische und pathophysiologische Zusammenhänge entdeckt, Chemie und Mikroskopie hielten Einzug in die alltägliche Praxis. In der Chirurgie eröffneten die neuen Narkosemittel und die Einführung von Antisepsis und Asepsis neue Horizonte. Die junge Bakteriologie – in Bayern unter dem Einfluß Max von Pettenkofers allerdings etwas zögerlicher rezipiert als andernorts – bescherte der Schulmedizin zahlreiche neue Erkenntnisse. Mit der Entdeckung der Erreger der Tuberkulose, des Milzbrands, der Cholera, der Pest und anderer Infektionskrankheiten schien das Wesen der großen Seuchen und der wichtigsten Fiebererkrankungen endlich entschlüsselt, die die Ärzte jahrhundertelang vor unlösbare Rätsel gestellt hatten.

Gewiß, Skeptiker, nicht nur unter den Homöopathen[386] konnten darauf verweisen, daß der medizinische Fortschritt, abgesehen von der zahlenmäßig noch eher unbedeutenden Chirurgie, kaum nennenswerte Verbesserungen in der konkreten Krankheitsbehandlung mit sich brachte. Die genauere Kenntnis der Krankheitsabläufe führte jahrzehntelang nicht zu den erhofften spezifisch wirksamen Medikamenten. Die junge Chemieindustrie entwickelte zahlreiche neue Mittel, doch sie verschwanden meist in kürzester Zeit als unwirksam oder gar schädlich wieder vom Markt. Dennoch geriet die Homöopathie immer mehr in die Defensive. Den triumphal gefeierten Entdeckungen der schulmedizinischen Laborforschung konnte sie keine vergleichbar öffentlichkeitswirksamen Errungenschaften entgegensetzen. Die neue, naturwissenschaftlich-experimentell ausgerichtete Medizin bot auch dem angehenden Arzt wieder eine klare Perspektive und dem erfahreneren Kollegen weniger Anlaß, die Mühe von Jahren des Studiums und der Sammlung praktischer Erfahrungen mit der Allopathie für vergeblich zu erklären und zur Homöopathie überzuwechseln. Für den Arzt, der dennoch mit einem Bekenntnis zur Homöopathie liebäugelte, stieg die Gefahr der Isolierung im Kreis der Kommilitonen oder Kollegen; die Rekrutierung von Nachwuchs wurde schwieriger.

In einem Punkt stellt sich die Entwicklung in Bayern aus homöopathischer Sicht nun zudem als vergleichsweise besonders ungünstig dar. Den bayerischen Ärzten fehlte fast vollständig die Unterstützung durch eine organisierte homöopathische Laienbewegung, wie sie der Homöopathie damals in einer Reihe an-

---

[386] Vgl. beispielsweise Lorbacher 1884, S. 145f.

7 Schluß

derer deutscher Staaten wichtige neue Impulse gab. Lokale und regionale Laienvereine lenkten dort mit ihren Aktivitäten die öffentliche Aufmerksamkeit unermüdlich auf die Homöopathie. Sie warben in Vorträgen für sie und bemühten sich, wie schon erwähnt, zudem vielfach ganz konkret darum, einen homöopathischen Arzt für die Versorgung vor Ort zu gewinnen.

Die Gründe für diese bayerische Besonderheit, die sich in ähnlicher, wenn auch nicht ganz so ausgeprägter Weise auch für die bayerische Naturheilkundebewegung nachweisen läßt,[387] sind nur teilweise nachvollziehbar. Insbesondere die vergleichsweise „rückständige" gesellschaftliche und wirtschaftliche Entwicklung Bayerns im ausgehenden 19. Jahrhundert mag hier in mehrfacher Hinsicht eine Rolle gespielt haben, indem sie eine insgesamt geringere Neigung zum Vereinsleben als einer spezifischen Form bürgerlicher (und bald auch kleinbürgerlicher) Geselligkeit nach sich zog[388], und indem traditionelle Formen medikaler Kultur verhältnismäßig lange ihre Geltungskraft bewahren konnten und somit womöglich teilweise weiterhin jene Nischen besetzten, die andernorts die Homöopathie für sich erobern konnte; zumindest die Ausbreitung der Homöopathie in den weniger gebildeten Schichten dürfte dadurch erheblich erschwert worden sein. In den höheren Schichten wiederum gereichte der bayerischen Homöopathie womöglich nun die enge Verbindung zu jenen konservativ-klerikalen Kreisen zum Nachteil, die lange Zeit ihren Erfolg gewährleistet hatte. Diese Kreise verloren am Ende des 19. Jahrhunderts auch in Bayern an Einfluß. Den aufsteigenden liberaler gesinnten bürgerlichen Schichten aber mußte das klerikalkonservative Umfeld, in dem die Homöopathie zu wurzeln schien, eher suspekt erscheinen.

Wie dem auch sei: die Homöopathie wurde in Bayern zur Medizin einer kleinen Minderheit, die übers Land verteilt gerade noch zwei Dutzend Ärzten den Lebensunterhalt sicherte. Doch sie blieb eine feste Größe in der bayerischen Gesundheitsversorgung, auch institutionell verankert in Form der Münchner Heilanstalt. Ihre weitere Geschichte in der Weimarer Republik, in der Zeit des Nationalsozialismus und nach dem Zweiten Weltkrieg harrt freilich noch der näheren Erforschung.[389]

---

[387] Regin 1995, S. 63-70.
[388] Bezeichnenderweise diente der erfolgreichste bayerische homöopathische Verein, der Münchner homöopathische Spitalsverein, gerade nicht der Geselligkeit, sondern stand in der langjährigen Tradition der christlich-karitativen Hilfe der Oberschichten für die Ärmsten, wenn auch unter dem besonderen Vorzeichen einer bestimmten Therapiemethode. In den großen bayerischen Städten wie München und Nürnberg war freilich doch eine ganz beachtliche Anzahl von Vereinen tätig (Meyer 1970; Tornow 1977; Stadtarchiv Regensburg, Inventar „Vereinswesen").
[389] Allgemein hierzu vgl. Bothe 1996.

8 Quellen- und Literaturverzeichnis

8.1 Archivalien

Hauptstaatsarchiv München, Ministerium des Inneren (HStAM MInn)

15 403	Umsichgreifen besonderer medizinischer Systeme, insbesondere Umsichgreifen der Homöopathie
45 834	Rekurse wg. studentischer Disziplinarverfahren
53 584	Pfründneranstalt St. Johann in München und Errichtung einer homöopathischen Heilanstalt
61 355 – 61 361	Verzeichnisse der zur Ausübung der Heilkunde nicht approbierten Heilpersonen („Kurpfuscher") 1874-1896
61 963 – 61 967	Homöopathie
62 453 – 62 458	Cholera 1836-1838

Staatsarchiv München (StAM)

RA 15523	Allgemeines Krankenhaus in München. Errichtung einer Abtheilung für homöopathisch zu behandelnde Kranke.

Stadtarchiv München (StadtAM)

299	Krankenanstalten, die Errichtung eines besonderen Klinikums für die homöopathische Heilmethode
300	Krankenanstalten, 1852-1864, die Errichtung eines homöopathischen Spitals in München

Universitätsarchiv München (UAM)

Senat E II 93   K. Gerster
Senat E II 145   H. Horn
Senat E II 230   F. A. Ott
Senat E II 278   J. J. Roth
Senat E II 428   J. B. Buchner
Senat E II 437   L. Ditterich
Senat E II 486   O. Mahir
Senat 140   Lehrstuhl für Homöopathie 1902

Bayerische Staatsbibliothek München, Handschriftenabteilung (BSB)

Cgm 6874   Medizinische Ethno- und Topographien der bayerischen Gerichtsbezirke

Homöopathie-Archiv des Instituts für Geschichte der Medizin der Robert Bosch Stiftung, Stuttgart, Briefsammlung, Bestand A (HA)

320   Friedrich Mosthaff, Dirmstein, o. D.
341   Karl Preu, Nürnberg 1.2.1832
342   ders. 21.7.1832
348   Johann Joseph Roth, München 4.8.40
349   ders. 23.8.34
1376   Max Quaglio, München 7.8.1874

Stadtarchiv Regensburg (StAR), Zentralregistratur (ZR I)

2984   Selbstdispensieren der homöopathischen Aerzte in Regensburg 1874-1880
3296   Errichtung einer electrohomöopathischen Heilanstalt 1886-1890
3307   Die Apollonia Diepenbrock'sche S. Joseph Kranken-Anstalt in Regensbg. 1882-1901
8980   Der homöopathische Verein 1874

8.2 Gedruckte Literatur

Abkürzungen der Periodika

AA   Antihomöopathisches Archiv
AAN   Allgemeiner Anzeiger und Nationalzeitung der Deutschen
ÄHB   Ärztliches Handbuch für Bayern
AHH   Archiv für homöopathische Heilkunst

AHK	Annalen der homöopathischen Klinik
AHZ	Allgemeine homöopathische Zeitung
AIB	Aerztliches Intelligenz-Blatt 1854- (fortges. als MMW)
AZH	Allgemeine Zeitung für Homöopathie im Vereine in- und ausländischer Aerzte
AZB	Allgemeine Zeitung von und für Bayern
BAVL	Bayerische Annalen für Vaterlandskunde und Literatur 1
HM	Homöopathische Monatsblätter. Mittheilungen und Erfahrungen aus dem Gebiete der Homöopathie und Naturheilkunde. Organ der Württemberger „Hahnemannia"
HMVGH	Homöopathische Monatsblätter für volksthümliche Gesundheitspflege und Heilkunde. Organ des homöopathischen Vereins in Bayern
Hygea	Hygea. Zeitschrift für Heilkunst
JPA	Journal der practischen Arzneykunde und Wundarzneykunst (fortges. als JPH)
JPH	Journal der practischen Heilkunde
LPZ	Leipziger populäre Zeitschrift für Homöopathie
MC	Medicinisches Correspondenz-Blatt
MMW	Münchener medicinische Wochenschrift
NZK	Neue Zeitschrift für Homöopathische Klinik
PHZ	Populäre homöopathische Zeitung zur Aufklärung des Volkes über Wirksamkeit und Wesen der homöopathischen Heilmethode
RB	Bayerisches Regierungsblatt
VKA	Verhandlungen der Kammer der Abgeordneten der Ständeversammlung des Königreichs Bayern
VKR	Verhandlungen der Kammer der Reichsräthe des Königreichs Bayern
ZHK	Zeitschrift für Homöopathische Klinik

Ameke, Wilhelm: Die Entstehung und Bekämpfung der Homöopathie. Berlin 1884.

Attomyr, Joseph: Homöopathische Heilversuche, angestellt im allgemeinen Krankenhaus zu München. In: AHH 11 (1831), Heft 2, S. 100-120.

Attomyr, Joseph: Primordien einer Naturgeschichte der Krankheiten. 2 Bde. Wien 1851.

Auf der Schwelle des neuen Hauses. Geleit und Rückblick des Stiftungsausschusses. In: Krankenhaus für Naturheilweisen. Hrsg. v. Krankenhaus für Naturheilweisen. München [1968], S. 3-8.

8 Quellen- und Literaturverzeichnis

Baumann, J.F.: Der medicinische Volksaufklärer in der „Gartenlaube". Ein Neujahrsgruß für Dr. Bock. Beilage zur Memminger Zeitung Nr. 10, 1868.

Baumann, J.F.: Die Homöopathie und ihre Gegner. 2. Aufl. Memmingen 1869.

Baumann, J.F.: Das alte und neue Heilverfahren mit Medicin. Memmingen 1857.

Berg, K.N.: Joh. Nep. Ringseis. Diss. Heidelberg 1932.

Bibliotheca homoeopathica oder Verzeichniß aller bis Ende des Jahres 1841 erschienenen Werke und Schriften über Homöopathie. Von L. S. Leipzig 1842.

Bischoff, Ignaz Rudolf: Ansichten über das bisherige Heilverfahren und über die ersten Grundsätze der homöopathischen Krankheitslehre. Prag 1819.

Bleker, Johanna: Biedermeiermedizin – Medizin der Biedermeier? Tendenzen, Probleme, Widersprüche 1830-1850. In: Medizinhistorisches Journal 23 (1988), S. 5-22.

Bothe, Detlef: Die Homöopathie im Dritten Reich. In: Homöopathie 1796-1996. Eine Heilkunde und ihre Geschichte. Katalog zur Ausstellung Deutsches-Hygiene-Museum 17.5. bis 20.10.1996. Hrsg. v. Sigrid Heinze. Berlin 1996, S. 81-91.

Braun, Artur: Der Münchner homöopathische Spitalverein und die Homöopathie in München. In: Modernes Leben – natürliches Heilen 101 (1976), S. 81-89 und S. 107-115.

Braun, Artur: Der Münchner homöopathische Spitalverein. In: Deutsches Journal für Homöopathie 3 (1984), S. 89-91.

Braun, G. Ios.: Über die Bereitung der homöopathischen Arzneimittel. Inauguralabhandlung. Regensburg 1836.

Brenner-Schäffer, Wilhelm: Einige Vorschläge zur Verbesserung der Stellung der praktischen Aerzte auf dem Lande. In: MC 9 (1848), S. 264-274.

Brönner, Alois: General- und Special-Schematismus sämtlicher zur Praxis berechtigten Civil- und Militärärzte des Königreichs Bayern nach Concoursen. Lohr am Main 1859.

Brunn, Walter Ludwig von: Homöopathie als medizingeschichtliches Problem. In: Sudhoffs Archiv für Geschichte der Medizin und der Naturwissenschaften 48 (1964), S. 137-156.

Buchner, Joseph B.: Galenus und Lycus. Rede gehalten am 10. August in der neun und zwanzigsten Versammlung des Centralvereins homöopathischer Ärzte Deutschlands. München 1857.

Buchner, Joseph B.: Die Allöopathie in Bayern. Schreiben an Seine Exzellenz den K. Bayr. Kriegsminister Herrn Herrn (sic) Ludwig von Lüder, bezüglich des Verbotes des homöopathischen Heilverfahrens in den Militärspitälern Bayerns. Leipzig 1853.

Buchner, Joseph B.: Homöopathische Arzneibereitungslehre. München 1840.

Buchner, Joseph B.: Morbus Brighti. Leipzig 1870.

Buchner, Joseph B.: Resultate der Kranken-Behandlung allopathischer und homöopathischer Schule. München 1843.

Buchner, Joseph B. (Hrsg.): Memoiren aus dem Leben und Wirken eines Arztes. Augsburg 1848.

Buchner, Joseph B.: Vade mecum für Wasserfreunde und Kurgäste in Wasserheilanstalten. München 1845.

Buck, Michael R.: Homöopathie und Dispensierfreiheit. Ein offenes Sendschreiben an Dr. Hellmuth Steudel in Eßlingen. Ravensburg 1866.

Bull, J. P.: The historical development of clinical therapeutic trials. In: Journal of chronic diseases 10 (1959), S. 218-248.

Busse, Adolf: Der medizinische Unterricht an der Ludwig-Maximilians-Universität von 1826 bis 1875 im Spiegel der Vorlesungsankündigungen. Diss. med. München 1978.

Catellan, Brüder: Annuaire homoeopathique. Paris 1863.

Czech, Barbara: Konstitution und Typologie in der Homöopathie des 19. und 20. Jahrhunderts. Heidelberg 1996.

Daumer, Georg Fr.: Mittheilungen über Kaspar Hauser von seinem ehemaligen Pflegevater. 2 Hefte. Nürnberg 1832.

Der Ärztliche Rathgeber der Electro-homöopathischen Heilmethode des Entdeckers Grafen Cesare Mattei, verfasst auf Wunsch des Herrn Grafen, bereichert mit seinen neuesten Erfahrungen und versehen mit seinem Portraite, von einem Freunde dieser Heilkunde. München 1883.

8 Quellen- und Literaturverzeichnis

Der moderne Laokoon oder die Homöopathie in Bayern. Ein offenes Wort an die Zunft. Leipzig 1861.

Die Geschichte des Consortiums für Electro-Homoeopathie in Regensburg. Regensburg 1900.

Die Reorganisation des Consortiums für Elektro-Homöopathie in Regensburg. Regensburg (1899).

Diez, Wilhelm: Ueber die Zulässigkeit der Homöopathen als Gerichtsärzte. In: Annalen der Staatsarzneikunde 2 (1837), S. 401-417.

Dinges, Martin (Hrsg.): Homöopathie. Patienten, Heilkundige, Institutionen. Von den Anfängen bis heute. Heidelberg 1996.

Dinges, Martin: Professionalisierung homöopathischer Ärzte: Deutschland und Vereinigte Staaten von Amerika im Vergleich. In: Medizin, Gesellschaft und Geschichte 14 (1995), S. 143-172.

Dinges, Martin (Hrsg.): Weltgeschichte der Homöopathie. Länder – Schulen – Heilkundige. München 1996.

Ditterich, G. Ludwig: Klinische Balneologie. 2 Bde. 2. Aufl. München 1867.

Ditterich, G. Ludwig (Hrsg.): Aktenstücke der ärztlichen Berathungskommission zu München im Wintersemester 1850. München 1850.

Döllinger, G.: Sammlung der im Gebiete der inneren Staats-Verwalt des Königreichs Bayern bestehenden Verordnungen aus amtlichen Quellen geschöpft und systematisch geordnet. Bd. 15. München 1838.

Drexler, Leopold und *Bayr, Georg*: Die wiedergewonnene Ausstrahlung des früheren Vielvölkerstaates: Österreich. In: Weltgeschichte der Homöopathie. Länder – Schulen – Heilkundige. Hrsg. v. Martin Dinges. München 1996, S. 74-101.

Eisenmann, Gottfried: Die Prüfung der Homöopathie. Erlangen 1836.

Eisenmann, Gottfried: Über Verdünnung und Verdünner. Eine höfliche Erwiederung auf das höfl. Sendschreiben des Regimentsarztes Dr. Griesselich. Hrsg. v. Dr. A. Kornfeger. Bamberg 1838.

Eppenich, Heinz: Geschichte der homöopathischen Krankenhäuser in Deutschland bis zum Ende des ersten Weltkrieges. Heidelberg 1995.

Eppenich, Heinz: Homöopathische Krankenhäuser – Wunsch und Wirklichkeit. In: Homöopathie. Patienten, Heilkundige und Institutionen. Von den Anfängen bis heute. Hrsg. v. Martin Dinges. Heidelberg 1996, S. 318-343.

Faltin, Thomas: „Kranke Menschen zum Lichte des Lebens zurückführen". Der Laienheilkundige Eugen Wenz (1856-1945) und die Stellung der homöopathischen Laienheiler um 1900. In: Homöopathie. Patienten, Heilkundige, Institutionen. Hrsg. v. Martin Dinges. Heidelberg 1996, S. 185-209.

Faure, Olivier: Le débat autour de l'homéopathie en France, 1830-1870. Evidences et arrière-plans. Lyon 1990.

Forstner, J.B.: Ueber die Möglichkeit einer Verbesserung der Heilkunst durch das homöopathische Heilsystem. Mindelheim 1847.

Fuchs, Anton: Skizzen aus der Entwicklungs-Geschichte der Homöopathie in Deutschland. In: HMVGH 4 (1878), S. 83-85 und S. 91-94.

Geßner, Jürgen: Der Beitrag des Arztes Wilhelm von Hoven (1760-1838) zum Gesundheitswesen in Nürnberg. Neustadt/Aisch 1976.

Gerster, Karl: Das Universum und dessen Geheimnisse; oder Die Natur, dargestellt in ihrer wechselseitigen Anziehung, und die geheimsten Wirkungen ihrer Kraft. Eine Anleitung und Erklärung des Tischklopfens und der Geister-Manifestationen, nebst Mittheilungen aus der Geisterwelt. Leipzig 1854.

Gerster, Karl: Odisch-magnetische (hypnotische) Heilwirkungen. Ungläubigen zur Belehrung und Kranken zum Heile. 2. Aufl. Regensburg 1889.

Gerster, Karl: Praktische Anleitung zur Pathologischen Chemie für Aerzte. Aus eigenen Erfahrungen nach Heller's Methode. Augsburg 1849.

Gerster, Karl: Was ist Homöopathie? Zur Aufklärung für jedermann. Regensburg 1848.

Gerster, F. Karl: Der Suggestionismus und die Homöopathie. In: AHZ 124 (1892), S. 54-57.

Geschichte der Homöopathie in Oesterreich (Cisleithanien). In: AHZ 153 (1906), S. 172-174 und 184-191.

Geschichte und Documente der Krankheit und Heilung Sr. Exc. des k. k. Feldmarschalles etc. Grafen von Radetzky, auf homöopathischem Wege gegenüber den Lügen und Schmähungen Pseudonymer. München 1843.

8 Quellen- und Literaturverzeichnis

Gijswijt-Hofstra, Marijke: Compromise, not conflict: the introduction of homeopathy into the Netherlands in the nineteenth century. In: Tractrix 5 (1993), S. 121-138.

Gleich, [Lorenz]: Doctor Joseph Buchner und die Homöopathie. Antwort auf dessen Schreiben an Se. Exc. den k. b. Kriegsminister Herrn Ludwig von Lüder bezüglich des Verbotes des homöopathischen Heilverfahrens in den Militär-Spitälern Bayern. München 1853.

Grauvogl, Eduard von: Das homöopathische Ähnlichkeitsgesetz. Offenes Sendschreiben an Herrn Prof. Dr. Justus Freiherrn von Liebig. Leipzig 1861.

Grauvogl, Eduard von: Die Grundgesetze der Physiologie, Pathologie und homöopathischen Therapie. Nürnberg 1860.

Grauvogl, Eduard von: Die Zukunft der ärztlichen Arbeit. Erlangen 1848.

Grauvogl, Eduard von: Für Officiere und ihre Pferde auf dem Marsche und im Felde. Nürnberg 1859.

Grauvogl, Eduard von: Lehrbuch der Homoeopathie. 2 Teile in 1 Bd. Nürnberg 1866.

Grauvogl, Eduard von: Therapeutische Gemmen und Folien aus meinem Diarium vom Jahre 1850. Ansbach 1851.

Griesselich, Ludwig: Skizzen aus der Mappe eines reisenden Homöopathen. Karlsruhe 1832.

Groos, Friedrich: Ueber das homöopathische Heilprincip. Ein kritisches Wort, vielleicht in seiner Zeit gesprochen. Heidelberg 1825.

Groß, Gustav Wilhelm: Homöopathie und Leben. Oder: Die Homöopathie nach ihrem gegenwärtigen Verhältniß zum Leben, und nach ihrem allseitigen, wohlthätigen Einfluß auf alle Lebensverhältnisse, betrachtet. Zur Beherzigung für die Laien in der Homöopathie. Leipzig 1834.

Groß, H.: Ueber den gegenwärtigen Zustand der Homöopathie, über die Juden und mehreres Andere. Sondershausen 1858.

Grunwald, Erhard: Das niedere Medizinalpersonal im Bayern des 19. Jahrhunderts. München 1990.

Habacher, Maria: Homöopathische Fernbehandlung durch Samuel Hahnemann. In: Medizinhistorisches Journal 15 (1980), S. 385-391.

Hacker, Rupert (Hrsg.): Ludwig II. von Bayern in Augenzeugenberichten. 3. Aufl. München 1986.

Haehl, Erich: Geschichte der Homöopathie. Vorlesungen. Berlin 1930.

Haehl, Erich: Die Geschichte des Badischen Homöopathischen Ärztevereins zur Zeit Griesselichs. Anhang I und II, S. 452-482.

Haehl, Erich: Geschichte des deutschen Zentralvereins homöopathischer Ärzte. Leipzig [1929].

Haehl, Richard: Samuel Hahnemann. Sein Leben und Schaffen. 2 Bde. Leipzig 1922.

Hahnemann, Samuel: Die chronischen Krankheiten, ihre eigenthümliche Natur und homöopathische Heilung. 4. Teil. Dresden und Leipzig 1830.

Hahnemann, Samuel: Geist der homöopathischen Heil-Lehre. In: *ders.*: Reine Arzneimittellehre. Teil 2. Dresden 1816, S. 1-22.

Hahnemann, Samuel: Heilung der asiatischen Cholera und Schützung vor derselben. In: AHH 11 (1831), Heft 1, S. 122-27.

Hahnemann, Samuel: Organon der rationellen Heilkunde. Dresden 1810.

Hahnemann, Samuel: Versuch über ein neues Princip zur Auffindung der Heilkräfte der Arzneisubstanzen, nebst einigen Blicken auf die bisherige. In: JPA 2 (1796), 3. St., S. 391-439 und 4. St., S. 465-561.

Hamberger, Julius: Grundlegung einer befriedigenden Theorie der homöopathischen Heilart oder der Werth dieser Heilart auf theoretischem Wege dargethan. Ein philosophischer Versuch. München 1832.

Hecker, August Friedrich: Samuel Hahnemann, neues Organon der rationellen Heilkunde. In: Annalen der gesammten Medicin 2 (1810), S. 31-75 und S. 193-256.

Heinroth, Joh. Chr. Aug.: Anti-Organon oder das Irrige der Hahnemannischen Lehre im Organon der Heilkunst. Leipzig 1825.

Helmstädter, Axel: Spagyrische Arzneimittel: Pharmazie und Alchemie in der Neuzeit. Stuttgart 1990.

Hennicke, J.Fr.: Der äußere Zustand der Homöopathie. In: AAN 1834, S. 4287-4291.

Hill, C. und *Doyon, F.*: Review of randomized trials in homoeopathy. In: Revue d'épidémiologie et santé publique 38 (1990), S. 139-147.

Horn, Franz Xaver H.: Über Krankheitserzeugung durch erdmagnetische, elektrische und atmosphärische Einflüsse. München 1863.

Hoven, Friedrich Wilhelm von: Biographie des Doctors Friedrich Wilhelm von Hoven. Von Ihm selbst geschrieben und wenige Tage vor seinem Tod beendigt, herausgegeben von einem seiner Freunde und Verehrer. Nürnberg 1840.

Huerkamp, Claudia: Medizinische Lebensreform im 19. Jahrhundert. Die Naturheilbewegung als Protest gegen die naturwissenschaftliche Universitätsmedizin. In: Vierteljahresschrift für Sozial- und Wirtschaftsgeschichte 73 (1986), S. 158-182.

Hufeland, Chr. W.: Anmerkung über das Wort Allopathie. In: JPH 66 (1828), 2. St., S. 40f.

Jacobi, Ursula Isabell: Der Hochpotenzstreit. Von Hahnemann bis heute. Stuttgart 1995.

Jahr, G.H.G.: Handbuch der Haupt-Anzeigen für die richtige Wahl der Homöopathischen Heilmittel. 2. Aufl. Düsseldorf 1835.

Jan, W.F. von: Die medicinische Reform in Bayern. Nürnberg 1850.

Jütte, Robert u. a. (Hrsg.): Culture, knowledge, and healing. Historical perspectives of homeopathic medicine in Europe and North America. Sheffield 1998.

Jütte, Robert: Geschichte der alternativen Medizin. Von der Volksmedizin zu den unkonventionellen Therapien von heute. München 1996.

Jütte, Robert: The paradox of professionalisation: Homeopathy and hydropathy as unorthodoxy in Germany in the 19th and early 20th century. In: ders. u. a. (Hrsg.): Culture, knowledge, and healing. Historical perspectives of homeopathic medicine in Europe and North America. Sheffield 1998, S. 65-88.

Jütte, Robert: The professionalization of homeopathy in the nineteenth century. In: Coping with sickness: Historical aspects of health care in European perspective. Hrsg. v. *J. Woodward* und *R. Jütte*. Straßburg 1995, S. 45-66.

Kaiser, Karl Ludwig: Die homöopathische Heilkunst im Einklange mit der zeitherigen Medizin und den Gesetzen derselben untergeordnet. Erlangen 1829.

Kampf und Sieg der Homöopathie oder Reinarzneilehre bei den Badischen und Hessendarmstädtischen Stände-Versammlungen. Leipzig 1834.

Kaufman, Martin: Homeopathy in America. The rise and fall of a medical heresy. Baltimore – London 1971.

Kleinert, Georg Otto: Bibliotheca homoepathica. 3. Aufl. Leipzig 1862.

Kleinert, Georg Otto: Geschichte der Homöopathie. Leipzig 1836.

Köck, [Adolf] Karl: Die physiologische Wirkung des essigsauern Kupfers. Diss. med. München 1872.

Köck, Karl: Medizinische Briefe über Homöopathie. 2. Aufl. München 1889.

Köck, Karl: Was ist Elektro-Homöopathie. Das Heilsystem des Grafen Cesare Mattei in Bologna. Leipzig 1883.

Koelbing, Huldrych M.: Die ärztliche Therapie. Grundzüge ihrer Geschichte (= Grundzüge Bd. 58). Darmstadt 1985.

Kopp, Franz Xaver: Generalbericht über die Cholera-Epidemie in München einschlüssig der Vorstadt Au im Jahre 1836/37. München 1837.

Kramer, Florian: Beiträge zur Ausbreitung des Kneipp'schen Heilverfahrens in Deutschland zwischen 1920 und 1933. Diss. med. LMU München 1981.

Kranzfelder, Johann Baptist: Symbolae ad criticen novae theoriae medicae homoiopathicae dictae. Diss. med. Erlangen 1812.

Kraus, Andreas: Geschichte Bayerns. Von den Anfängen bis zur Gegenwart. München 1983.

Kröner, Karl und *Gisevius, Friedr.*: Die Homöopathie in Bayern. Ein Beitrag zum Kapitel der Geistesfreiheit in Deutschland (sic). Aus: Zeitschr. des Berliner Vereins homöopathischer Ärzte 23 (1904).

Kümmel, Werner Friedrich: Introduction. L'état de la recherche en histoire de l'homéopathie. In: Praticiens, patients et militants de l'homéopathie aux XIXe et XXe siècles (1800-1940). Actes du Colloque franco-allemand, Lyon 11-12 octobre 1990. Hrsg. v. *Olivier Faure*. Lyon 1992, S. 15-29.

Kunkel, [Adam Joseph]: Ueber die Stellung der Homöpathie zur heutigen Schulmedizin. In: MMW 49 (1902), S. 484-489.

Leipziger Lokalverein homöopathischer Aerzte: Cholera, Homöopathik und Medizinalbehörde in Berührung. In: AHH 11 (1831), H. 1, S. 1-32.

Leschinsky-Mehrl, Irene: Der Streit um die Homöopathie in der ersten Hälfte des 19. Jahrhunderts. Diss. med. LMU München 1988.

Lesky, Erna: Die Wiener medizinische Schule im 19. Jahrhundert. Graz-Köln 1965.

Lesky, Erna: Von den Ursprüngen des therapeutischen Nihilismus. In: Sudhoffs Archiv 44 (1960), S. 1-20.

Leupoldt, Johann M.: Über die Bedeutung und Werth der Homöopathie. Ein Vermittlungsversuch zwischen ihr und der gesammten Medicin. Erlangen 1834.

Lilienfeld, Abraham M.: Ceteris paribus: the evolution of the clinical trial. In: Bulletin of the history of medicine 56 (1982), S. 1-18.

Lochner, G.F.: Die Homöopathie in ihrer Nichtigkeit dargestellt. Eine Entgegnung auf das Sendschreiben des Dr. J. J. Reuter an den Dr. E. F. Wahrhold. Nürnberg 1835.

Lodispoto, Alberto: Storia della omeopatia in Italia. Storia di una terapia moderna. Rom 1987.

Loechner, Johannes: De inversione uteri. Diss. med. München 1833.

Loechner, Johannes: Ein Zeugniß für das homöopathische Heilverfahren. Dürkheim 1877.

Löhner, George: Die homöopathischen Kochsalzversuche zu Nürnberg. Mit einem Anhang: Ein Beispiel homöopathischer Heilart. Nürnberg 1835.

Löhner, George: Ueber das Wesen und Treiben der Homöopathie. In: AZB 2 (1835), S. 107, S. 135f, 163f, 167f, 190f, 218f, 247f, 275f und 302f.

Lorbacher, A.: Die Bacterienjagd vom homöopathischen Standpunkte betrachtet. In: AHZ 108 (1884), S. 145f.

Mahir, Oscar: De curatione morborum artificiali et eius limitibus. München 1843.

Mahir, Oscar: Die Cholera in München 1854. Deren Entstehung, Verbreitung, Verhütung und homöopathische Behandlung. München 1854.

Mahir, Oscar: Über das Verhältnis des Nervensystemes zum Blute und dessen Erscheinungen im gesunden und kranken thierischen Organismus. München 1836.

Mahir, Oscar: Über Irren-Heilanstalten, Pflege und Behandlung der Geisteskranken. Stuttgart-Tübingen 1846.

Mahir, Oscar [?]: Was ist Homöopathie? Zur näheren Verständigung für ihre Freunde und zur Widerlegung ihrer Feinde. München 1853.

Mai, Uwe: Erfolge und Niederlagen. Zur Institutionalisierung der Homöopathie während der Weimarer Republik. In: Homöopathie 1796-1996. Eine Heilkunde und ihre Geschichte. Katalog zur Ausstellung. Deutsches-Hygiene-Museum 17.5. bs 20.10.1996. Hrsg. v. *Sigrid Heinze*. Berlin 1996, S. 71-79.

Majer, Carl: Statistik der zur Ausübung der Heilkunde in Bayern nicht approbirten Personen. In: AIB 22 (1875), S. 503-505, ebd. 23 (1876), S. 365-368, ebd. 25 (1878), S. 405-410 und ebd. 26 (1879), S. 387-391.

Majer, Carl: Statistik der zur Ausübung der Heilkunde nicht approbirten Personen. (Nach dem Stande vom 31. Dezember 1880). In: Aerztliches Intelligenz-Blatt. Münchener Medicinische Wochenschrift. 28 (1881), S. 565-567.

Martin, Alois (Hrsg.): Schematismen der im Königreiche Bayern zur Praxis berechtigten Civil- und Militär-Aerzte. München 1858, 1860, 1863, 1867 und 1869.

Mattei, Cesare: Elektro-Homoeopathie. Grundsätze einer neuen Wissenschaft. Regensburg 1884.

Messerschmid, Heinrich: Krankheitsbehandlungen nach den Grundsätzen der Homöopathie. In: JPH 62 (1826), 1. St., S. 29-60 und 2. St., S. 59-101.

Meyer, Jörg: „.... als wollte mein alter Zufall mich jetzt wieder unter kriegen". Die Patientenbriefe an Samuel Hahnemann im Homöopathie-Archiv des Instituts für Geschichte der Medizin in Stuttgart. In: Jahrbuch des Instituts für Geschichte der Medizin der Robert Bosch Stiftung 3 (1986), S. 63-79.

Meyer, Veit: Homöopathischer Führer für Deutschland und das Ausland. Leipzig 1856.

Meyer, Veit: Homöopathischer Führer für Deutschland und das gesammte Ausland. 2. Aufl. Leipzig 1860.

Meyer, Wolfgang: Das Vereinswesen der Stadt Nürnberg im 19. Jahrhundert (= Nürnberger Werkstücke zur Stadt- und Landesgeschichte 3). Nürnberg 1970.

Michalak, Michael: Das homöopathische Arzneimittel. Von den Anfängen zur industriellen Fertigung. Stuttgart 1991.

Moser, Peter: Das Wesen der Cholera. Der wahre Schutz vor derselben. Ihre sicherste und schnellste Heilung. Ulm 1854.

Moser, Peter: Neues Heilverfahren bei der Cholera, nach physiologischen Grundsätzen dargelegt. Augsburg 1854.

Mosthaff, Friedrich: Die Homöopathie in ihrer Bedeutung für die Entwicklung der Medizin als Kunst und Wissenschaft. Heidelberg 1843.

Müller, Moritz: Zur Geschichte der Homöopathie. Leipzig 1837.

Münchmeyer, E.H.W.: Das Selbstdispensiren homöopathischer Aerzte, vom Standpuncte der allgemeinen Medicinal-Polizei beleuchtet. In: Zeitschrift für die Staatsarzneikunde 32 (1836), S. 61-82.

Nachtmann, Walter: Les malades face à Hahnemann (d'après leur correspondance juin-octobre 1832). In: Praticiens, patients et militants de l'homéopathie aux XIXe et XXe siècles (1800-1940). Actes du Colloque franco-allemand, Lyon 11-12 octobre 1990. Hrsg. von Olivier Faure. Lyon 1992, S. 139-153.

Nicholls, Phil: Homeopathy and the medical profession. Beckenham 1988.

Nöhbauer, Hans F.: München. Eine Geschichte der Stadt und ihrer Bürger 1158 bis 1854. 2. Aufl. München 1989.

Nolde, Adolf Friedrich: Erinnerung an einige zur kritischen Würdigung der Arzneymittel sehr nothwendige Bedingungen. In: JPA 8 (1799), 1. St., S. 47-97 und 2. St., S. 75-116.

Nusser, Johannes: Ueber Krankheiten bei Gewerben überhaupt und über eine bei Seifensiedern vorkommende Hautwassersucht. Diss. med. München 1838.

Oettinger, Hermann (Hrsg.): General-Schematismus sämmtlicher zur Praxis berechtigter Civil-& Militärärzte Bayerns. München 1854.

Ohlhauth, Chr.: Rechtfertigung der literarischen Thätigkeit des praktischen Arztes Herrn Dr. phil. et med. Joseph Buchner zu München. Augsburg 1851.

Ohlhauth, Chr.: De organi acustici vitiis ac morbis. Würzburg 1829.

Ohlhauth, Chr.: Ueber das Bairische Verbot der homöopathischen Behandlung in medizinisch-gerichtlichen Fällen. In: Hygea 4 (1836), S. 193-218.

O[sterrieder, Benedikt]: Ueber die Nothwendigkeit der Reform des Bayerischen Medizinalwesens. Augsburg 1843.

Osterrieder, Benedikt: Beleuchtung der Denuntiationsschrift und der verschiedenen ärztlichen Gutachten in einer Untersuchungssache wegen fahrlässiger Körperverletzung, dann einiger nicht uninteressante (sic) Zustände des praktischen bayerischen Medizinalwesens. Augsburg 1864.

O[sterrieder], B[enedikt]: Der Mensch nach seinem geschlechtlichen Leben, oder gründliche Belehrung über reine Liebe, wahre Ehe etc. 6. Aufl. Augsburg 1868.

Osterrieder, Benedikt: Ein freies Wort über das bayerische Medizinalwesen. Als Beleg der Nothwendigkeit der Reform desselben. Der zweiten Kammer Bayerns zur Beherzigung empfohlen. Augsburg 1861.

Osterrieder, Benedikt: Einige Worte von der spezifischen Heilmethode im Vergleich mit der Allopathie. Augsburg 1840.

Osterrieder, Benedikt: Offenes Sendschreiben an die verehrliche Versammlung der praktischen Aerzte der Provinz Schwaben und Neuburg im Aug. 1846. Augsburg 1846.

Osterrieder, Benedikt: Über die vorzüglichsten Formen der Syphilis und deren allopathische und homöopathische Behandlung. Diss. med. Augsburg 1837.

Osterrieder, Benedikt: Ueber die freie Praxis der Aerzte in Bayern. Augsburg 1847.

Ott, Franz Andreas: Miscellen als Beiträge zu der zu erwartenden gänzlichen Reform des Medicinalwesens. In: MC 9 (1848), S. 682-692.

Ott, Franz Andreas: Die Gesundheitsbeförderung und Lebensverlängerung durch ein zweckmäßiges Verhalten und die neuen, nicht allöopathischen Heilmethoden. Offene Worte der Wahrheit zur zeitgemäßen Berücksichtigung für Aerzte und Laien, [Neu-Ulm 1858].

Ott, Franz Andreas: Nachweis des Vorzugs der Homöopathie vor der Allopathie. Ein Sendschreiben an die Versammlung der deutschen Aerzte zu Nürnberg im September 1845, so wie an das Gewissen aller allopathischen Aerzte. Augsburg 1845.

Ott, Franz Andreas: Populäre Darstellung meiner mit dem Namen Panjatrik bezeichneten Heilmethode als der vollkommensten und sichersten von allen. Kempten 1863.

Ott, Franz Andreas: Praktische Randbemerkungen zu Siebert's, G. Gerson's und Milieus Abhandlungen in Bd. II H. 2 des med. Argos, als Beitrag zur Versöhnung der Partheien und zur Verbesserung der Heilkunst. In: MC 3 (1842), S. 426-432, S. 439-448, S. 459-464, S. 475-482 und S. 533-544.

Pompey, Heinrich: Pastoralmedizin – der Beitrag der Seelsorge zur psycho-physischen Gesundheit. Eine bibliographisch-historische Analyse. In: Mensch und Gesundheit in der Geschichte. Hrsg. v. *A. E. Imhof*. Husum 1980, S. 115-134.

Portwich, Philipp: Kaspar Hauser, naturphilosophische Medizin und frühe Romantik. In: Medizinhistorisches Journal 31 (1996), S. 89-119.

Preu, Karl: Der Findling Caspar Hauser und dessen außerordentliches Verhältniß zu homöopathischen Heilstoffen. In: AHH 11 (1831), H. 3, S. 1-40.

Preu, Karl: Was haben wir von der Cholera zu fürchten? Ein Versuch, die aufgeschreckten Völker zu beruhigen. Nürnberg 1831.

Preu, Heinr. Ad.: Aetiologische Betrachtung der Typologie. Diss. med. Nürnberg 1837.

Probst, Christian: Die Reform des Medizinalwesens in Bayern zwischen 1799-1808. In: Reformen im rheinbündischen Deutschland. Hrsg. v. *Eberhard Weis* (= Schriftenreihe des Historischen Kollegs. Kolloquien 4). München 1984, S. 195-212.

Probst, Christian: Fahrende Heiler und Heilmittelhändler. Medizin von Marktplatz und Landstraße. Rosenheim 1992.

Puchelt, Friedrich August Benjamin: Über die Homöopathie. In: JPH 49 (1819), 6. St., S. 3-53.

Rankin, Glynis: Professional organization and the development of medical knowledge: Two interpretations of homeopathy. In: Studies in the history of alternative medicine. New York 1988, S. 46-62.

Rapou, Auguste: Histoire de la doctrine médicale homoeopathique. Son état actuel dans les principales contrées de l'Europe. 2 Bde. Paris 1847.

Rau, Gottlieb M.W.L.: Über den Wert des homöopathischen Heilverfahrens. Heidelberg 1824 [2. Aufl.ebd. 1835].

Regin, Cornelia: Selbsthilfe und Gesundheitspolitik. Die Naturheilbewegung im Kaiserreich (1889-1914) (= Medizin, Gesellschaft und Geschichte, Beiheft 4). Stuttgart 1995.

Reil, Johann Christian: Beitrag zu den Prinzipien für jede künftige Pharmakologie. In: Magazin zur Vervollkommnung der theoretischen und praktischen Heilkunde 3 (1799), 1. St., S. 26-64.

Resch, Lieselotte und Buzas, Ladislaus: Verzeichnis der Doktoren und Dissertationen der Universität Ingolstadt – Landshut – München 1472 – 1970. Bd. 2: Medizinische Fakultät 1472 – 1915. München 1976.

Reubel, Josef: Beyträge zur Naturphilosophie und Anthropologie für Studierende auf Hochschulen. München 1832.

Reubel, Josef: Entwurf eines Systems der Pflanzenphysiologie und der Thierphysiologie. München 1804.

Reubel, Josef: Ideen über Kunst und Religion. Ein Beitrag zur Philosophie der Kunst. München 1804.

Reuter, Johann Jacob: De identitate ophthalmiae aegyptiacae et blepharoblennorrhoeae neonatorum. Diss. med. Erlangen 1823.

Reuter, Johann Jacob: Sendschreiben an Dr. E. Fr. Wahrhold als Erwiederung auf dessen Schrift „Auch etwas über die Homöopathie". Nürnberg 1835.

Ringseis, Emilie: Erinnerungen des Dr. Johann Nepomuk v. Ringseis. Bd. 3. Regensburg-Amberg 1889.

Ringseis, Johann Nepomuk: Ueber den revolutionären Geist auf den deutschen Universitäten. Rektoratsrede vom Dezember 1833. München 1834.

Roberson Day, J. und *Petrie Hoyle, E. (Hrsg.)*: International homoeopathic directory, 1911-12. London [1911/12].

Rogers, Naomi: American homeopathy confronts scientific medicine. In: Culture, knowledge, and healing. Historical perspectives of homeopathic medicine in Europe and North America. Hrsg. v. *Robert Jütte* u. a. Sheffield 1998, S. 31-64.

Roth, Johann Joseph: De animalium invertebratorum systemate nervoso. Diss. med. Würzburg 1825.

Roth, Johann Joseph: De electricitatis in organismum humanum effectu. Habilitationsschrift. München 1829.

Roth, Johann Joseph: Die homöopathische Heilkunst: in ihrer Anwendung gegen die asiatische Brechruhr. Erstes Heft enthaltend eine Schilderung der von vierzehn homöopathischen Aerzten in Prag, Mähren, Ungarn und Wien unternommenen Behandlungsarten der asiatischen Cholera. Leipzig 1833.

Roth, Johann Joseph: Merkwürdige Heilung einer Kinnbackenverschließung auf homöopathischem Wege. Mit einem Vorwort von Julius Hamberger. München 1833.

Roth, Johann Joseph: Über die homöopathische Heilung der Krankheiten. Zehn Vorlesungen gehalten im Sommersemester 1831 auf der Hochschule zu München. Nürnberg 1832.

Roth, Johann Joseph: Notizen über homöopathische Heilversuche Prager Ärzte. In: Berichte bayerischer Aerzte über Cholera-Morbus. Hrsg. v. *Bernard Röser* und *Aloys Urban*. 1. Abt. München 1832, S. 47-49.

Schadewaldt, Hans: Homöopathie und Schulmedizin. Eine historische Würdigung. In: Medizinische Welt 23 (1972), S. 355-359.

Scheible, Karl-Friedrich: Hahnemann und die Cholera. Geschichtliche Betrachtung und kritische Wertung der homöopathischen Therapie im Vergleich zur konventionellen Behandlung. Diss. med. Würzburg 1992.

Schlich, Thomas und *Schüppel, Reinhart*: Gibt es einen Aufschwung für die Homöopathie? Von der Schwierigkeit, die Verbreitung der Homöopathie unter Ärzten festzustellen. In: Homöopathie. Patienten, Heilkundige und Institutionen. Von den Anfängen bis heute. Hrsg. v. *Martin Dinges*. Heidelberg 1996, S. 210-227.

Schmideberg, Melitta: Geschichte der homöopathischen Bewegung in Ungarn. Diss. med. Berlin 1929.

Schnizlein, Ed.: Meine Behandlung der Cholera, ihre Entstehung, Verbreitung, Heilung und Verhütung. München 1854.

Schreiben an den Herrn Doktor Gaspar Rodriguez Francia über den in der alten friedlichen Stadt Nürnberg zwischen den Allöopathen und Homöopathen neuerdings ausgebrochenen Kampf auf Tod und Leben und dessen auffallende und niederschlagende Folgen. Nürnberg 1835.

Schroen, Friedrich Ludwig: Die Hauptsätze der Hahnemann'schen Lehre mit Rücksicht auf die Praxis betrachtet. Erlangen 1834.

Schroen, Friedrich Ludwig: Die Naturheilprozesse und die Heilmethoden. Hof u. a. 1837.

Schrott, Ludwig: Biedermeier in München. Dokumente einer schöpferischen Zeit. München 1963.

Schultze, Marie: Marie. Königin von Bayern. München 1894.

Schwanitz, Hans Joachim: Homöopathie und Brownianismus 1795-1844. Zwei wissenschaftstheoretische Fallstudien aus der praktischen Medizin. Stuttgart 1983.

Sincerus, Dr.: Handbuch der specifischen Heilmittel-Lehre: für praktische Aerzte und auch diejenigen, welche sich überhaupt mit derselben bekannt zu machen wünschen. Augsburg 1841.

Solbrig, August: Sendschreiben an den lieben Himmel, als Kritik des homöopathischen Sendschreibens des Dr. Reuter an den Dr. Wahrhold, nebst einer allöopathischen Nachrede für Jung und Alt. Nürnberg 1835.

Spindler, Max (Hrsg.) Handbuch der bayerischen Geschichte. Bd. IV. 2. Aufl. München 1979.

Staudt, Dörte: The role of laymen in the history of German homeopathy. In: Culture, knowledge, and healing. Historical perspectives of homeopathic medicine in Europe and North America. Hrsg. v. *Robert Jütte* u. a. Sheffield 1998, S. 199-215.

Stolberg, Michael: Die Homöopathie auf dem Prüfstein. Der erste Doppelblindversuch der Medizingeschichte im Jahre 1835. In: Münchener medizinische Wochenschrift 138 (1996), S. 364-366.

Stolberg, Michael: Die Homöopathie im Königreich Bayern. In: Medizin, Gesellschaft und Geschichte 14 (1995), S. 173-194.

Stolberg, Michael: Ein Recht auf saubere Luft? Umweltkonflikte am Beginn des Industriezeitalters. Erlangen 1994.

Stolberg, Michael: Homöopathie und Klerus. Zur Geschichte einer besonderen Beziehung. In: Medizin, Gesellschaft und Geschichte 17 (1998). S. 131-148.

Stolberg, Michael: Heilkunde zwischen Staat und Bevölkerung. Angebot und Annahme medizinischer Versorgung in Oberfranken im frühen 19. Jahrhundert. Diss. med. TU München 1986.

Stolberg, Michael: Ott, Franz Andreas. In: Biographisches Handbuch des Lehrkörpers der Universität Ingolstadt – Landshut – München. Hrsg. v. *Laetitia Boehm*. [im Druck]

Stolberg, Michael: Patientenaufkommen und Krankheitsspektrum in ärztlichen Landpraxen des 19. Jahrhunderts. In: Medizinhistorisches Journal 27 (1993), S. 3-27.

Stollberg, Gunnar: Die Naturheilvereine im Deutschen Kaiserreich. In: Archiv für Sozialgeschichte 28 (1988), S. 287-305.

Stieglitz, Johann: Über die Homöopathie. Hannover 1835.

Strauß, Friedrich Freiherr von: Fortgesetzte Sammlung der im Gebiete der inneren Staats-Verwaltung des Königreichs Bayern bestehenden Verordnungen von 1835 bis 1852, aus amtlichen Quellen bearbeitet. Bd. 10 der neuen Folge. München 1854.

Tagungsbericht über das erste Treffen der International Study Group of the History of Homeopathy in Stuttgart im April 1995. (= AHF Information Nr. 34. vom 9.6.1995).

Tischner, Rudolf: Geschichte der Homöopathie. 4 Teil. Leipzig 1932-1939.

Tornow, Ingo: Das Münchner Vereinswesen in der ersten Hälfte des 19. Jahrhunderts, mit einem Ausblick auf die zweite Jahrhunderthälfte. München 1977.

Trettenbacher, Mathias: Erklärung gegen das vom Kongresse bayerischer Aerzte beobachtete Verfahren in Sachen der Homöopathie, respektive gegen die von dem Kongresse versuchte Aufhebung der Dispensirfreiheit homöopathischer Aerzte. In: Neue chirurgische Zeitung 1849, Nr. 25, Beilage, S. 1-7.

Ueber Verbote von Heilmethoden und Heilsystemen, insbesondere in gerichtlich-medizinischen Fällen. In: Annalen der gesammten Staatsarzneikunde 1 (1836), S. 501-517.

Verein der homöopathischen Ärzte Bayerns: Homöopathie. Ein Wort zur Aufklärung und Abwehr. Nürnberg 1904.

Verein für specifische Heilkunde der homöopathischen Aerzte Baierns: Zur Geschichte der Homöopathie in München. In: AHZ 55 (1858), S. 12-14, S. 22f, S. 38f und S. 44f.

Wahrhold, Ernst Friedrich [Pseud. f. *Friedrich Wilhelm von Hoven*]: Auch Etwas über die Homöopathie. Nürnberg 1834.

Walach, Harald: Perspektiven für die Homöopathie-Forschung heute. In: AHZ 235 (1990), S. 147-151 und 183-187.

Wapler, Hans: Karl Kiefer zu seinem 70. Geburtstag. In: AHZ 180 (1932), S. 135-142.

Warner, John Harley: Medical sectarianism, therapeutic conflict, and the shaping of orthodox professional identity in antebellum American medicine. In: Medical fringe and medical orthodoxy, 1750-1850. Hrsg. v. *W. F. Bynum* und *Roy Porter*. London 1987, S. 234-260.

Warner, John Harley: Orthodoxy and otherness: Homeopathy and regular medicine in nineteenth-century America. In: Culture, knowledge, and healing. Historical perspectives of homeopathic medicine in Europe and North America. Hrsg. v. *Robert Jütte* u. a. Sheffield 1998, S. 5-29.

Wedekind, Georg C. von: Ueber homöopathische Heilkunde. In: JPH 66 (1828), 6. St., S. 3-31.

Welsch, Heinrich Carl: Etwas über den Heilprozeß, besonders den homoeopathischen. Diss. med. Würzburg 1832.

Widnmann, Franz Seraph (Übers. u. Hrsg.): Der Missbrauch des Aderlass (sic), verdammt durch die Autorität der grössten Practiker durch die Vernunft und Erfahrung. Von Angelo Luigi. München 1828.

Widnmann, Franz Seraph: Einige Gedanken über die Homöopathie. In: JPH 57 (1823), 5. St., S. 3-33.

Widnmann, Franz Seraph: Unpartheiische praktische Prüfung der homöopathischen Methode. In: JPH 66 (1828), 2. St., S. 3-40.

Wittern, Renate: Zum Verhältnis von Homöopathie und Mesmerismus. In: Franz Anton Mesmer und die Geschichte des Mesmerismus. Hrsg. v. *Heinz Schott*. Stuttgart 1985, S. 108-115.

Wölfing, Achim: Entstehung und Bedeutung des Begriffes Schulmedizin. Die Auseinandersetzungen zwischen der naturwissenschaftlichen Medizin und Vertretern anderer Heilmethoden im 19. und 20. Jahrhundert. Diss. med. Freiburg 1974.

Wolff, Dr. von: Geschichte meiner Bekanntschaft mit der Homöopathie. In: JPH 64 (1827), 4. Stück, S. 3-36.

Wolff, Eberhard: „... Nichts weiter eben als einen unmittelbaren persönlichen Nutzen...". Zur Entstehung und Ausbreitung der homöopathischen Laienbewegung. In: Jahrbuch des Instituts für Geschichte der Medizin der Robert Bosch Stiftung 4 (1985), S. 61-97.

Wolff, Eberhard: Gesundheitsverein und Medikalisierungsprozeß. Der Homöopathische Verein Heidenheim/Brenz zwischen 1886 und 1945. Tübingen 1989.

Zwickh, Nepomuk: Schematismus der medicinischen Behörden und Unterrichts-Anstalten, der Civil- und Militärärzte sowie der approbirten Zahnärzte im Königreiche Bayern (23. Jahrgang). München 1900.

9 Personen- und Sachverzeichnis

Adel 21, 22, 66, 71, 82-86, 92, 93
Allgemeine Zeitschrift für Homöopathie 43, 44, 86
Allopathie 102, 103
   Begriff 10
   günstige Urteile über Homöopathie 15, 26, 40
   Polemik gegen die Homöopathie 19, 51, 60, 62, 63, 88
Ansbach 41, 42
Apotheken
   homöopathische 32, 34, 46, 48, 58
   allopathische 17, 18, 23, 29, 31-36, 45-47, 60, 61, 84, 102
Apothekertaxe 32, 45, 102
Arco-Valley, Max von 49, 82
Arme Kranke 46, 56, 65, 84, 85
Ärztevereine, homöopathische
   s. a. Zentralverein homöopathischer Ärzte
   Verein der homöopathischen Ärzte Bayerns 62
   Verein für homöopathische Heilzwecke 54, 64
   Verein für physiologische Arzneimittellehre 43
   Verein für specifische Heilkunde 43, 48, 53, 54, 58
   Verein für specifische Heilzwecke 85
   Verein homöopathischer Aerzte 25
Attomyr, Joseph 16, 21
Aub, Emanuel 42
Aufseß, Ernestine von 71, 82
Augsburg 16, 33, 42, 43, 46, 60, 83
Baader, Franz von 89
Bachmann, Dr. 71
Baden 16, 22, 43, 74, 102
Bader 67-69, 80, 97
Bamberg 60
Barmherzige Brüder 52
Baumann, Jak. Fr. 41-43, 59, 77
Baunscheidtismus 68
Becker, Dr. 60
Bergzabern 42
Beutner, A. 42
Blumlein, Dr. 16, 41
Boeck, Johann 60, 64
Buchner, Joseph Benedikt 33, 42-44, 49, 50, 53-55, 58, 59, 61,
                                            63-65, 76, 77, 79, 82, 85, 90, 91
Buxheim 42

9 Personen- und Sachverzeichnis

Carl, Prinz von Bayern 66
Cholera 24, 25, 43, 44, 75, 76
Choleraspital 22-27, 53, 65
Dannemann, Josef 60
Dapping, Karl 16, 29, 42, 43
Diepenbrock, Apollonia 56
Dillingen 42
Ditterich, G. Ludwig 42, 48, 49, 59, 77, 80
Doppelblindversuch 18-21
Dürkheim 42, 43
Durocher, Ludwig 42, 43, 58, 59
Eberle, Franz Xaver 42, 59, 71, 77, 102
Eisenmann, Gottfried 18, 21, 38, 88, 93
Eklektizismus 57, 59, 81, 96
Elektrohomöopathie 69-72, 82, 96
Elektrotherapie 69
Eos-Kreis 89, 93
Erlangen 17, 48
F. Karl Gerster 92
Fakultät, medizinische
    Erlangen 15, 38, 39, 61
    München 39, 48-50
    Würzburg 38-40
Ferchl, J. Georg 42
Fischen 42
Fleischmann, Friedrich Ludwig 17, 29, 42, 48
Franckenthal 16
Franken 16, 41, 42, 69
Frankreich 37, 58, 59, 83, 91-93
Freie Homöopathie 56-58
Fries, Emil 60
Fröhling, Dr. 59
Fruth, Wilhelm 42, 64
Fuchs, Anton 59, 64
Fuchs, Julius 59, 60, 77
Geistliche 52, 56, 66, 68, 69, 73, 75, 82, 83, 87, 90, 92, 93
Gerichtsverfahren gegen Homöopathen 61, 67
Gerster, F. Karl 77, 82, 91
Gerster, Karl 42, 43, 49, 58-61, 73, 77, 79, 85, 91, 96
Gerster, Raimund 60, 77
Gesetze und Verordnungen
    „Organisches Edikt" 17
    Apothekergesetz 60
    Dispensierverbot 32

Freigabe der homöopathischen Selbstdispensation 18
　　Homöopathieverbot an Militärkrankenhäusern 40
　　Homöopathieverbot an öffentlichen Krankenhäusern 31
　　Homöopathieverbot für „unterärztliche" Heilberufe 29
　　Homöopathieverbot in gerichtsärztlichen Fällen 29
　　Reichsstrafgesetzbuch 60
Glaeser, Andreas 60
Glas, Erhard 42
Gleichauf, Landarzt 30
Glotz, Alexander 59
Görres, Joseph 33
Grandauer, Franz 42, 43
Grauvogl, Eduard von 42, 43, 59, 78, 79, 82, 88, 89
Grießelich, Ludwig 33, 89
Groß, H. 94
Groß, Hans 60, 77
Groß, Joseph Wilhelm 42
Gross, Wilhelm jun. 77
Hahnemann, Samuel 13-15, 19, 20, 22, 37, 41, 53, 56, 57,
　　　　　　　　　　　　　　　　　　　　　　　　78-80, 82, 92
Hamberger, Julius 89
Handapotheken 30, 68, 80, 101, 102
Handwerkschirurgen 29, 30, 41, 67, 68, 80, 96
Harless, Christian Friedrich 15
Hartz, Bernhard von 42, 43
Haslocher, Dr. 43
Hauser, Kaspar 16
Hayer, Carl 60
Hebammen 30
Heinlein, Heinz (Maler) 83
Held, Johann Baptist 42, 59, 77
Herold, Hieronymus 42, 43, 59, 77, 80
Hesse, Ludwig 59
Hessert, Dr. 16, 43
Hitzelberger, Dr. 60
Höß, Johann Evangelist 42
Hoerrner, Dr. 60
Hof 16, 29, 31, 34, 35, 42, 46
Hohenschwangau 82
Homöopathen
　　als Armenärzte 85
　　im Staatsdienst 29
　　Statistik 16, 41, 42, 58-60
　　Vater-Sohn-Paarungen 77

9 Personen- und Sachverzeichnis

Homöopathie
    Antisemitismus 94
    Ausbreitung 14-16, 26, 27, 41
    Erfolgsstatistik 66, 76
    freie 56-58
    innere Konflikte 56-58
    politische Mitsprache 47, 48
    politische Positionen 37, 38, 57, 89, 91, 93, 94
    Prinzipien 13
Honorarprofessur, homöopathische 50
Horn, Hermann 42, 48-51, 77, 80
Hossemann, W. 42
Hoven, Friedrich Wilhelm von 18, 88
Hydropathie s. Wasserheilkunde
Ichenhausen 42
Individualisierung 86, 87
Jochner, M. F. 42
Kaulbach, Wilhelm (Maler) 83
Keller, Chirurg 30
Kempten 42
Kiefer, Karl 60, 63
Kimpel, Anton 60
Klientel, homöopathische 81-84
Kneippsches Heilverfahren 68, 69
Köck, Karl 61, 64, 85
Kolb, Anton 42
Kolb, Dr. sen. 16, 41
Königshofen 29, 42
Königshöfer, Chr. August 42, 59
Konversionen zur Homöopathie 15, 59, 77, 78
Kopp, Stadtgerichtsarzt 25
Krafft, A. von 42, 59
Krankenanstalten, elektrohomöopathische 71
Krankenanstalten, homöopathische
    München 22-27, 51-55, 58, 63-65
    Nürnberg 15, 24
    Regensburg 56
Krankenanstalten, öffentliche 16, 31, 38, 40
Kranzfelder, Johann Baptist 15
Kuchler, Joh. 42
Kunkel, Adam J. 62
Künstler 83
Kunstmann, L. K. 16, 35, 41, 42, 45, 58
Kurierfreiheit 60, 66

Laienhomöopathie 66-68
   Statistik 67-69
   Urteil der homöopathischen Ärzte 69
Laienvereine, homöopathische 72-74, 103, 104
   Deutschland 72
   Gründe für deren geringe Zahl 74, 103
   Haltung der Ärzte 72
   Homöopathischer Verein in Bayern 73
   Ludwigshafen 74
   München 74
   Spitalverein 63-65
Landärzte 17, 29, 30, 41, 80
Landau 16, 42, 43
Landshut 42, 60
Landtag 22, 27, 34, 49, 50, 52, 61, 62, 66, 75, 76, 82, 85, 91-93
Leuchtenberg, Herzog von 15, 22, 82
Leuther, Adam 59, 77
Lindenberg 60
Lindner, J. 73, 92, 93
Lippl 25, 26, 52
Loechner, Johannes 42, 59
Löhner, George 20, 21
Lotzbeck, Freiherren von 22
Ludwig II. 55, 82
Ludwigshafen 74
Lutz, Stephan 42, 59
Mahir, Oskar 33, 42, 43, 48, 49, 51, 58, 59, 65, 77, 79, 82,
                       86
Marie, Königinmutter 82
Materialismus 87, 90-94
Mattei, Cesare 69-72
   s. a. Elektrohomöopathie
Max II. 82
Max, Herzog von Bayern 22
Mayerhofer, Dr. 77
Maynbernheim 16
Medizinalreformbewegung 37
Melicher, Franz 21
Mende, Ernst 63
Mering 60
Mesmerismus 9, 68, 79, 91
Metten 60
Meuth, Kamille 16, 42
Meyerl, Dr. 60

9 Personen- und Sachverzeichnis

Militär 40, 42, 46, 78, 83
Mindelheim 29, 42, 49
Moser, Johann Peter 42, 59, 61, 77
Mosthaff, Friedrich 16, 41, 48, 49, 79, 84
Münchberg 16
Mussbach 42
Nachwuchsprobleme 59, 65, 103
Naila 16, 29, 42, 46, 84, 85
Naturheilkunde 9, 41, 69, 79, 80, 85, 91, 103
Naturhistorische Schule 88
Naturphilosophie 87-89
Neu-Ulm 56, 85
Niederbayern 35, 36, 42, 67-69, 82, 92
Niedermeier, Carl 60
Niederviehbach 42
Nolde, (Adolf) Friedrich 42, 59, 73
Nürnberg 16, 19, 24, 33, 45, 46, 60, 74, 86
   Homöopathen 15, 42, 63, 86
   öffentlicher Kochsalzversuch 18-21
   Versammlung des Zentralvereins 43
Nusser, Johannes E. 33, 38, 39, 42-44, 58, 77, 83
Oberbayern 42, 47, 66, 68, 69, 92
Oberpfalz 42, 73
Oberpöring 42
Oberstdorf 42
Oettingen-Wallerstein
   Fürst Friedrich von 22
   Julie von 33, 64
   Karl von 25, 27, 82
Ohlhauth, Chr. 16, 29, 33, 50, 57
Okkultismus 80, 91
Osterrieder, Benedikt 21, 33, 37, 42, 43, 69, 77
Osterwarngau 66
Ott, Franz Andreas 29, 33, 35, 37, 38, 42, 49, 56, 57, 77, 80, 83, 85, 97
Ott, Franz Josef 42
Patienten 9, 21, 23, 25, 27, 31, 54-56, 65, 66, 84-86, 94, 95
Pauli, Friedrich 16, 43
Payr, Joseph 42, 59
Pemerl, Alois 42, 43, 53, 85
Pfaffenhofen 29, 49
Pfalz 16
Pfalz, bayerische 16, 29, 42, 43, 69, 74, 84
Polikliniken, homöopathische 28, 53-56, 63, 64, 85

Pollinger, Dr. 59
Preu, Heinrich Adam 77
Preu, Karl 15, 45, 77, 79, 80
Preußen 47, 102
Primbs, Karl 42
Professionalisierung 30, 37-40, 42-48, 69, 71, 72, 99
Quaglio, Max 42, 43, 53-55, 58-60, 63, 64, 66, 77, 82
Regensburg 42, 46, 49, 59-61, 73, 74, 85, 92, 96
   Consortium für Electro-Homöopathie 70, 71, 82
   homöopathische Heilanstalt 56
   Homöopathischer Verein in Bayern 73
Reichel, G. W. 16, 29, 41, 42, 45, 46, 84, 85
Reiser, Ferdinand 42
Reubel, Ferdinand 54, 77
Reubel, Joseph 15, 16, 18, 22, 24, 28, 33, 39, 42, 44, 53, 54, 77, 88
Reuter, Johann Jacob 15, 16, 19, 20, 24, 42, 45, 86
Riedle, Mathias 30
Riefler, Benedikt 42, 80
Ringseis, Johann Nepomuk (von) 16-18, 22-24, 35, 44, 48, 50, 89, 93, 94
Röschlaub, Andreas 88
Rosenheim 60
Roth, Dr. (Günzburg) 59
Roth, Johann Joseph 16-18, 30, 42, 47, 48, 50, 58, 77, 78
Rötzer, Dr. 59
Rumpelt, William 60
Sachsen 16, 57, 61, 72, 104
Sailer, Michael 88
Salzburg 30
Schaffner, Dr. 16, 80
Scheglmann, Karl 42, 56, 59, 60
Schellenberg 30
Schenk, Max von 66, 92
Schlegel, Martin 60, 77
Schlickenrieder, Hans 60
Schlosser, Max Joseph 42, 79
Schneider, Joseph Anton 42, 43, 59, 78, 79
Schnizlein, Ed. 48
Schroen, Friedrich L. 16, 29, 42, 43, 45, 57
Schuhmann, Philipp 29, 32, 42, 59
Schupp, Friedrich 42, 59
Schwab, B. 42
Schwaben 42, 68, 69

Schwabhausen ... 60
Schwabmünchen ... 42
Schwarz, Aloys ... 21
Sedlmayer, Franz ... 41-43, 58, 59, 85
Seelmaier, Benno ... 42, 43
Seinsheim, Karl von ... 26, 45, 48, 82, 93
Selbstbehandlung ... 18, 72, 73, 87
Selbstdispensation ... 17, 18, 31-35, 37, 44-47, 58, 60, 76, 80, 83, 101, 102
Sonthofen ... 42, 60
Speyer ... 29, 42, 43
Spiritualismus ... 91
St. Ingbert ... 60
Stauffer, Karl ... 60, 64, 71, 80, 82, 91
Stipendien ... 65
Straubing ... 30, 42
Sulzbach ... 60
Swedenborgianismus ... 91
Therapiestudien ... 16, 23-25
Therese, Königin von Bayern ... 82
Thurn und Taxis ... 21, 22, 82
Thurnau ... 42
Tischner, Rudolf ... 87
Tittmoning ... 32, 80
Trettenbacher, Matthias ... 33, 42-44, 55, 58, 59, 64, 85
Universitäten
  s. a. Fakultät, medizinische
  homöopathische Honorarprofessur ... 50
  homöopathische Promotionen ... 21
  homöopathische Vorlesungen ... 17, 61
  homöopathischer Lehrstuhl ... 48, 49, 52, 61, 62, 76, 93
  studentisches Interesse ... 50, 51
Unsin, (Joseph) Anton ... 53, 59, 77
Versandhandel, homöopathischer ... 102
Vogt, Carl ... 60
Volkskultur, medikale ... 9, 11, 94-97
Wachter, Adolf ... 60
Wachter, Ferdinand von ... 42, 59, 79, 84
Wald (Schwaben) ... 42
Walther, Philipp Franz von ... 24, 39
Wasserheilkunde ... 9, 79, 94
Weissingen ... 60
Welsch, Albert ... 51, 79
Welsch, Heinrich Carl ... 88

Welsch, Hermann jun. 59
Welsch, Hermann sen. 59
Wenzel, Johann Baptist von 42
Wertach 42
Weyarn 22
Widnmann, Franz Seraph 15, 16, 32, 33, 41, 57, 77, 79, 88
Wiesau 60
Wimmelbacher, Georg 60
Württemberg 47, 65, 72, 73, 78, 85, 91, 104
Würzburg 16, 29, 38, 39, 48, 50, 77, 88
Ysenburg und Büdlingen, Erbgräfin von 82
Zentralverein homöopathischer Ärzte 22, 43, 53, 63, 71, 90
Zweibrücken 42